Lachende Propheten

Witz und Humor
In den Religionen

D1699971

Zu diesem Buch

„Wo Glaube ist, da ist auch Lachen!" meinte Martin Luther. Doch gilt dies auch umgekehrt: „Wo Lachen ist, da ist auch Glaube"? Passen Lachen und Glaube überhaupt zusammen? Es scheint in den Religionen eine Art Dogma zu existieren, dass Lachen den anderen verletzt und verspottet und deshalb zu vermeiden ist. Andererseits wird in den überlieferten Texten der Religionen durchaus gelacht. Wie ist es mit den Propheten und Religionsstiftern? Lachen Abraham, Mose, Buddha, Jesus und Mohammed? Und wenn, worüber? Haben sie vielleicht auch Witze gemacht? Und wie steht es um die Götter? Gott lacht nicht, die Götter schon, heißt es. Stimmt dies? Was wurde aus ihrem Lachen in der Gegenwart? Und wie wird heute im Judentum, Christentum, Islam, Hinduismus und Buddhismus gelacht?

Über den Autor

Harald-Alexander Korp, Studium der Religionswissenschaft, Philosophie, Physik. Dozent am Fachbereich Religionswissenschaft der Ludwig-Maximilians-Universität München und Georg-August Universität Göttingen. Spirituelle Praxis bei Lehrern verschiedener Religionen. Weiterbildung zum Lach-Yoga Trainer und Sterbebegleiter. Lebt als freier Autor und Regisseur in Berlin. Veröffentlichungen u.a.: „Der Fall Undine", Roman, „Fliessen lernen", Dokumentarfilm über ein buddhistisches Schweigeseminar.

HARALD-ALEXANDER KORP

LACHENDE PROPHETEN

WITZ UND HUMOR IN DEN RELIGIONEN

5. Auflage: September 2013
Verlag HumorCare, Tuttlingen

Alle Rechte vorbehalten.
Illustrationen: Stefan Stutz
Coverfoto mit freundlicher Genehmigung
von JR.: www.jr-art.net
Umschlaggestaltung: Andrea Schlosser
Printed in Germany
© Harald-Alexander Korp 2008
ISBN 978-3-00-026600-3
www.humorcare.com
www.hakorp.de

„Und daß Gott es ist, der Lachen und Weinen erschaffen hat."
Koran, Sure 53:43

INHALT

1.
VORWORT

„Wo Glaube ist, da ist auch Lachen!"

... meinte Martin Luther. Doch gilt dies auch umgekehrt: „Wo Lachen ist, da ist auch Glaube"? Als ich kürzlich in Berlin-Kreuzberg mit meinem Fahrrad ziemlich eilig auf einem Fahrradweg unterwegs war, fuhr plötzlich vor mir ein Mann in einem elektrischen Rollstuhl. Seelenruhig schnurrte er vor mir her und blockierte den Weg. Rechts und links war kein Platz zum Überholen, also fuhr ich hinter ihm her und hoffte, dass er bald abbiegen würde. Aber er bog nicht ab. Ich fühlte, wie Zorn in mir emporstieg; ich fuhr immer dichter auf, damit er etwas schneller fahren würde. Als ich genauer hinschaute, entdeckte ich hinten auf der Lehne des Rollstuhls ein mit krakeligem Filzstift geschriebenes Schild: *„Is - lahm."* Ich konnte nicht anders, als aufzulachen und mich sofort entwaffnet zu fühlen. Als ich den Mann überholte, es war offensichtlich ein Türke, grinste er mir zu. Ich grinste zurück. Der Mann beeindruckte mich! Es war nicht irgendein Wort, mit dem er spielte, sondern die Bezeichnung einer Religion, für viele Gläubige ein heiliger Begriff. Damit einen Scherz zu machen, zeugt von einem gewissen Mut. Natürlich weiß ich nicht, ob er ein gläubiger Muslim war oder nicht.

Über seinen Glauben lachen zu können, ist nicht unbedingt üblich. Schaut man auf die Entwicklung des Christentums, sieht die Vergangenheit wenig erheiternd aus. Das Martyrium Jesu wiegt schwer. So stellte der Bischof von Konstantinopel im 3. Jh. fest, dass ein Christ nichts zu lachen habe, denn Jesus habe auch nicht gelacht. Und in der Tat, im Neuen Testament findet sich kein Satz darüber.

Es scheint in vielen Religionen eine Art Dogma zu existieren, dass Lachen den Menschen verletzt und verspottet und deshalb zu vermeiden ist. Hinter diesen Ressentiments lassen sich jedoch andere Beweggründe vermuten. Wer sich vom Lachen mitreißen lässt, übergibt dem Körper das Kommando und kann sich nicht beherrschen. Doch in den meisten religiösen Traditionen geht es genau darum: Den Körper zu beherrschen. Das Fleisch wird als vergänglich und Ort der Versuchung betrachtet, im Gegensatz zu Geist und Seele. Und: Lachen stellt Autoritäten infrage. Wer lacht, lässt sich nichts vorschreiben, schon gar nicht von Würdenträgern, die behaupten, im alleinigen Besitz der Wahrheit zu sein.

Dass Lachen gesund ist, weiß der Volksmund schon lange, und die Medizin hat es nachgewiesen: Lachen heilt Körper und Seele, lässt den Lachenden sich selbst nicht so wichtig nehmen und sorgt für verbindendes Miteinander. Im mittelalterlichen Christentum kannte man das Ostergelächter. Pfarrer erzählten obszöne Witze und rannten wie Schweine grunzend durch die Kirche, um ihre Gemeinden zum Lachen zu bringen. Am Ostersonntag wurde die Frohe Botschaft von der Auferstehung Jesu durch Freude am anarchischen Lachen körperlich erfahrbar. Auch wenn die Reformation mit dem Ostergelächter Schluss machte, so schrieb Martin Luther: *„Aus einem verzagten Arsch fährt kein fröhlicher Furz!"* Im Judentum ist im Laufe der Jahrhunderte der jüdische Witz entstanden, dem die Welt ein geistreiches Humorerbe verdankt. Im Islam werden dem Narren und Volkshelden Nasreddin Hodscha seit Jahrhunderten immer neue, subversive Geschichten angedichtet. Im Hinduismus zeichnen sich Götter durch kraftvolles Lachen aus. Und im Zen-Buddhismus dient Lachen als Zeichen des Durchbruchs zur

Erleuchtung.

Wenn in den Religionen Humor und Lachen Tradition haben, warum lachen dann Pfarrerinnen und Pfarrer, Rabinerinnen und Rabbiner, Imane, Ayatollahs, Nonnen, Mönche, Yogis nicht öfter? Wäre es nicht eine hübsche Vorstellung, wenn sich alle auch mal in Kirchen, Synagogen, Moscheen, Tempeln, Gottes- und Gemeindehäusern vor Lachen auf dem Boden wälzen würden? Vielleicht wegen eines befreienden Witzes? Vielleicht gemeinsam mit den Besuchern und Gläubigen? Oder sind wir ein Publikum, das, wie der Aufklärer Voltaire behauptet, zu ängstlich ist, über den Komödianten Gott zu lachen?

Wie steht es nun mit den Propheten und Religionsstiftern? Lachen Propheten? Und wenn ja, worüber? Dabei sind in diesem Band insbesondere Abraham, Mose, Jesus, Mohammed und Buddha gemeint. Worüber haben sie gelacht? Haben sie vielleicht auch Witze gemacht? Hatten sie Humor? Und wie sieht es im weiteren Verlauf der Religionen aus? Was wurde aus dem Lachen der Propheten? Und wie steht es um die Götter? Gott lacht nicht, die Götter schon, heißt es. Stimmt dies? Und wie wird heute im Judentum, Christentum, Islam, Hinduismus und Buddhismus gelacht? Kann das Lachen vielleicht den Gläubigen sogar als Hingabe neben dem Gebet empfohlen werden? Als eine Form der Therapie gegen Alltagssorgen und Probleme in der Kommunikation mit Gott? Humor als eine Form der Aufklärung in den Religionen?

Am religionswissenschaftlichen Institut, an dem ich studierte, wurden vielfältige Seminarthemen angeboten: über das Leiden, die Erlösung, die Auferstehung in den verschiedenen Religionen. Aber kein Seminar über Lachen und Witz in den Religionen. Und niemand schien das wirklich zu vermissen, die Argumente waren verblüffend einfach: Man muss ja nicht über alles in den Religionen forschen, schließlich haben beispielsweise Jesus und Mohammed bestimmt auch gepinkelt, aber muss es deshalb gleich in der Bibel und dem Koran stehen? Lachen, Witz und Humor als etwas Alltägliches, ja, irgendwie auch Anstößiges, das keiner näheren Betrachtung bedarf. Und zum anderen: Lachen bedeute im Grunde nichts anderes als Auslachen, Häme und Spott. Und so etwas hat in der Welt der Religionen nun wirklich nichts zu suchen. In der Tat, da scheint die Wissenschaft nicht viel weiter zu sein, als die geläufige Meinung: Religion und Humor, das sei wie Feuer und Wasser, Glaube sei bestimmt nicht witzig (jedenfalls nicht für die (Anders-)Gläubigen), Lachen und Erlösung, das passe nun wirklich nicht zusammen. In der Tat, Witze in den Religionen sind oft spottend und blasphemisch, gotteslästerlich, jedenfalls in Bezug auf die Glaubensinhalte, die sich die Gläubigen so zusammen basteln. Aber gerade deshalb sind sie ja auch so schön!

Doch steht diese spottende Lachen wirklich dem Glauben entgegen? Oder enthüllt es Wahrheiten, die manche nur ungern hören und deshalb das Lachen gerne mal komplett diskriminieren? Ja noch mehr, könnte es nicht sogar sein, dass Lachen und der Witz sogar den Glauben und die Hingabe vertiefen? Das wahrer Glaube gar nicht auskommt ohne Humor und den (blasphemischen) Witz (Was wahrer Glaube auch immer sein mag)?

Die Beiträge dieses Bandes basieren auf einer Vortragsreihe und sind in verschiedenen Zeitschriften, u.a. in „connection spirit" und „Psychologie Heute" erschienen. Begleitet werden die Texte von den Illustrationen von Stefan Stutz. Ich möchte allen danken, die zur Entstehung des Buches beigetragen haben, insbesondere Katja Uhlenbrok für ihre redaktionelle Betreuung und Wolf Schneider für die Erstveröffentlichung.

Berlin, im Frühjahr 2008

2.
WORÜBER LACHT ABRAHAM?
JÜDISCHER HUMOR ALS THERAPIE

„Ich habe nichts gegen das Sterben.
Ich möchte nur nicht dabei sein, wenn es passiert"
Woody Allen

Der jüdische Witz ist für seinen tiefsinnigen und schwarzen Humor bekannt. Und für die Stärke, Menschen vor dem Hintergrund des eigenen Leids zum Lachen zu bringen. Daraus entwickelte der jüdische Psychiater Viktor Frankl die Anwendung von Humor in der Psychotherapie. Er bediente sich dabei Humor-Techniken, die in der jüdischen Kultur schon seit Jahrtausenden verwendet werden. Lachen, wo es eigentlich nichts mehr zu lachen gibt.

„Zwei Juden unterhalten sich über ihre Rabbiner: Sagt der eine: „Unser Rabbi spricht mit Gott selbst." Darauf der andere empört: „Das ist doch gelogen!" Kontert der Erste: „Würde Gott etwa mit einem Lügner sprechen?" Dieser Witz eröffnet uns die verblüffende Welt des jüdischen Humors mit seiner paradoxen Logik und fehlender Scheu vor „letzten Fragen". beispielsweise die Befürchtung, Gott könnte aufhören, mit den Menschen zu sprechen. Die Sammlerin jüdischer Witze, Salcia Landmann, schrieb vor einem halben Jahrhundert, der jüdische Witz sei heiter hingenommene Trauer über die Gegensätze dieser Welt. Gilt dies auch für den Humor im heutigen Israel?

„Ein wunderbares Land", so nannte sich 2007 die erfolgreichste Show des israelischen Fernsehens. Der Zuschauer erlebte auf dem Bildschirm ein apokalyptisches Tel Aviv: Mit Atombomben hat Irans Staatschef Mahmud Ahmadinedschad Israel dem Erdboden gleichgemacht. Zwei israelische Soldaten stolpern durch die Trümmer und stellen fest: „Was für eine wohltuende Ruhe!" Ist dies noch heiter hingenommene Trauer? Der Produzent der Erfolgssendung dazu: *„Israelis lieben es eben, sich über alles und jeden lustig zu machen. Wir leben in einem so gefährlichen Land mit so vielen Problemen, da ist das Witzereißen wie ein Ventil."* Doch israelische Satiriker behaupten, der jüdische Humor habe sich grundsätzlich verändert. Von einem indirekten, versöhnlichen Humor zu einem drastischen Zynismus. Ein Grund sei, neben der zunehmenden medialen Verbreitung, die veränderte Situation des Judentums. Seit Jahrhunderten war das jüdische Volk in der Diaspora verstreut über den ganzen Erdball und musste versuchen, sich in fremden Kulturen zu assimilieren. Nun haben die Juden wieder ihren eigenen Staat, sind eine mehrheitlich säkulare Atommacht und benötigen den hintergründigen Humor nicht mehr als Mittel, um sich auf geistige Weise zur Wehr zu setzen.

Doch *„was Humor ist, entzieht sich der Definition, und was jüdisch ist, auch"*, schreibt der israelische Autor Ezra BenGershôm.[1] Judentum und Humor, zwei Begriffe, die mindestens soviel Deutungen haben wie Deuter. Aber eine spezifische Eigenschaft lässt sich erkennen: Humor scheint in der jüdischen Kultur nicht nur der Unterhaltung zu dienen, sondern gestern wie heute als eine Technik, Ängste und Konflikte zu bewältigen. Für die Mehrheit der säkularen Israelis bedeutet Humor ein Mittel gegen alltägliche Ängste in den andauernden Konfliktsituationen mit benachbarten Ländern. Für gläubige Juden geht es darum, Gottes Weisungen richtig zu erfüllen. Auch hier vermag Humor zu helfen, indem er die Spannung zwischen Gottes unergründlichem Willen und den menschlichen Anstrengungen, Gottes Wille zu erfüllen, zu überbrücken vermag. Das Ziel ist die Freude, von der in der Bibel immer wieder die Rede

19

ist. *„Dienet dem Ewigen mit Freude"*, so heißt es im 10. Psalm von König David. Gerade im Judentum spielt die Lebensfreude eine große Rolle, von der zahlreiche Feste künden. Doch Freude heißt nicht unbedingt Humor. Dieser scheint dort notwendig zu sein, wo es gilt, die Freude zurückzuerobern.

HUMOR IN DER THERAPIE

Die heilsame Kraft des Humors, gerade auch des so genannten Galgenhumors, der so typisch für die jüdische Kultur zu sein scheint, findet zunehmend Anwendung in der Psychotherapie. Humor als eine Technik, um die Behandlung psychischer Konflikte und Krankheiten zu unterstützen. Die Parallelen der Humortherapie zum jüdischen Humor sind kein Zufall, denn als ihr Begründer gilt der jüdische Psychiater Viktor Frankl, der u.a. durch die Schilderung *„eines Humors des Überlebens"* im Konzentrationslager Auschwitz bekannt wurde. Er entwickelte in den 1970er Jahren die Paradoxe Intention, eine psychotherapeutische Technik, in der erlernt wird, Ängste auszuhalten. Frankl war der Meinung, der Patient könne lernen, der Angst ins Gesicht zu sehen, ja ins Gesicht zu lachen. *„Humor ist der Gegenspieler der Angst"*, so Frankl.[2]

In der „Paradoxen Intention" wünscht sich der Patient, wovor er sich bislang so sehr gefürchtet hat. Dabei soll er maßlos übertreiben. Beschreibt ein Patient beispielsweise nachhaltig ein Gefühl der Einsamkeit, so kann der Therapeut darauf reagieren, indem er den Patienten bestärkt, sich vorzustellen, der einsamste Mensch auf der Welt zu sein. Der Patient solle sogar mit aller Kraft versuchen, noch einsamer zu sein, um der Weltmeister aller Einsamen zu werden.

Durch diese Übertreibung kann sich die Einstellung gegenüber den Ängsten im Sinne einer Relativierung ändern. Patienten beginnen, gemeinsam mit ihrem Therapeuten zu lachen. Diese gemeinsame Freude hat geradezu etwas Erlösendes. Natürlich bedarf diese Technik ein gehöriges Maß an Erfahrung des Therapeuten, damit der Humor vom Patienten nicht als verachtender Zynismus erlebt wird. *„Nichts lässt den Patienten sich von sich selbst so sehr distanzieren wie der Humor"*, so Frankl. Durch einen Perspektivwechsel wird die neue Erkenntnis ermöglicht, dass auch das schlimmste Ereignis ganz anders, überraschend und paradox betrachtet werden kann.

Für Sigmund Freud war Humor die letzte Waffe der Wehrlosen. Eine Technik, um sich gegen Widersacher und die Widrigkeiten des Lebens zu behaupten. Seitdem haben Psychotherapeuten Frankls Ansatz aufgenommen und eine Vielzahl von Humor-Techniken entwickelt: Übertreibung, Untertreibung, Umkehrung, Wortspiele etc. Letztlich laufen aber alle Techniken auf das gleiche hinaus: Es ist Selbstbehauptungstraining, um die Angst vor dem Scheitern und Ausgelachtwerden zu verlieren, sowie den Drang, perfekt zu sein. Auf den jüdischen Glauben bezogen, bedeutet dies, sich mit Witz gegen Angriffe zu wehren, und mit Humor die eigene Relativität vor Gott zu erkennen und hinzunehmen. Und natürlich, gemeinsam zu lachen!

ABRAHAM UND SARAH

Wo liegt nun der Ursprung dieses heilenden Lachens im Judentum? Ein Lachen kann helfen, wenn man Gottes Wege nicht versteht. Davon berichtet die berühmteste Geschichte über das Lachen, die man in der Bibel finden kann. Abraham und seine Frau Sarah wünschten sich ihr Leben lang ein gemeinsames Kind, doch Sarah ist unfruchtbar. Als sie 90 und er 100 Jahre alt sind, erscheint ihnen Gott und prophezeit, dass Sarah schwanger würde. Wie reagieren Sarah und Abraham? Sie brechen in Gelächter aus, so heftig, dass Abraham, laut des 1. Buch Mose, vor Lachen auf sein Gesicht fällt. Gottes Prophezeiung reißt alte Wunden auf, Sarah fühlt, so darf man vermuten, wieder den Schmerz ihres lebenslang unerhörten Kinderwunsches. Abraham und Sarah lachen gemeinsam über ihren Gott, wie er ihnen so etwas Absurdes prophezeien kann. Sie schaffen sich damit Luft, finden Trost in ihrem gemeinsamen Lachen. Doch dies ist nicht ganz ohne Risiko. Immerhin ist JHWE einerseits ein Vergebender, aber auch ein Gott, der droht, sein Volk zu vernichten. Doch für das zweifelnde Lachen will Gott keine Vergeltung, im Gegenteil: Sarah wird schwanger und nennt ihr Kind vor Freude und Dankbarkeit: „Isa`ak", abgeleitet von „Isa`ak-El": „Gott lacht." Man darf hier eine Ur-Erfahrung des israelitischen Volkes vermuten: Über jemanden zu lachen, selbst wenn es Gott ist, muss nicht in einer Katastrophe enden. Im Gegenteil: Zweifelndes Lachen, insbesondere gemeinsam, kann Selbstschutz bedeuten und sich sogar in ein Lachen der Freude verwandeln.

Und diese Geschichte zeigt noch etwas: Lachen kann im Judentum auch Ausdruck eines Ringens mit dem Schöpfer sein. Das Ringen mit Gott zieht sich wie ein roter Faden durch die Geschichte der Israeliten und des jüdischen Volkes. „Israel", heißt übersetzt: „Die mit Gott streiten." Ein Ringen um die Erkenntnis, um des Glaubens willen. Eine seit Jahrhunderten gewachsene Streitkultur, die auch mit den Mitteln des Humors und des Witzes ausgetragen wird;

letztendlich, um Gott noch tiefere Antworten über seine Schöpfung zu entlocken.

KÖNIG DAVID

Doch auch Gott lässt es sich nicht nehmen, über den Menschen zu lachen. David, der König, Dichter und Sänger, von dem berichtet wird, dass er vor Freude über Gott schon mal nackt vor seinen Sklaven tanzte, dichtete im 2. Psalm: *„Die Könige der Erde lehnen sich auf, und die Herren halten Rat miteinander wider den HERRN und seinen Gesalbten. Aber der im Himmel wohnt, lachet ihrer, und der Herr spottet ihrer."* Gott, so singt David, lacht und spottet also über die Pläne der Menschen. Ein Lachen Gottes, das für den Gläubigen den therapeutischen Effekt hat, sich selbst und seine Pläne nicht so wichtig zu nehmen und sich von seinen Konzepten und Bedürfnissen distanzieren zu können. Dazu passt das geflügelte Wort: *„Wie bringt man Gott zum Lachen? Erzähl ihm deine Pläne!"* Als Letzter, so die Bibel, lacht doch immer Gott.

TALMUD

Wer in New York mit der U-Bahn fährt, kann eine interessante Entdeckung machen: In manchen Linien existieren Wagen nur für diejenigen, die morgens auf der Fahrt zur Arbeit den Talmud studieren. Dies hat eine lange Tradition, denn aufgrund der Exilsituation war es für die Identität der Juden immer entscheidend, sich genauestens mit ihrer Religion auseinanderzusetzen. Im Talmud, übersetzt „Belehrung", etabliert sich die Form der kritischen Geschichte als Interpretation der 613 jüdischen Weisungen, die dem Menschen von Gott gegeben wurden. Über viele Seiten wird die Anwendung und Auslegung jeder Weisung diskutiert. Die Tradition und die Fähigkeit, mit Worten umzugehen, ist mehrere tausend Jahre alt und tief im Judentum verwurzelt. Eine Ursache für die intellektuelle Brillianz vieler jüdischer Witze: Die Lust, daran, Worte solange zu verdrehen, bis die absurdesten und komischsten Bedeutungen entstehen.

Obwohl talmudische Texte das Lachen nicht generell verurteilen, wollen sie den Gläubigen doch vor dem spottenden Lachen beschützen: *"Gott lacht mit seinen Geschöpfen, nicht über seine Geschöpfe"*[3] heißt es im Abschnitt „Avodah Zarah" des Babylonischen Talmuds. Ähnliches findet sich an anderer Stelle: *„Schädlich ist die Spötterei, denn ihr Beginn ist leicht, ihr Ende Vernichtung."*[4] Doch was genau ist spottendes Lachen? Wann ist es geistreiche Unterhaltung, wann ein Mittel zur Verteidigung, und wann ein bewusster Akt, anderen zu schaden? Ein guter Witz kommt nicht ohne eine gewisse Portion an Spott aus. Dass dieser Spott durchaus therapeutische Funktion haben kann, hat Sigmund Freud erforscht.

WITZ UND HUMOR

Was ist überhaupt ein Witz? Der jüdische Psychoanalytiker Sigmund Freud hat diesem Thema ein ganzes Buch gewidmet: „Der Witz und der Weg zum Unbewussten". Im Wartezimmer seiner Wiener Praxis lagen die spöttischen Zeichnungen und Geschichten von Wilhelm Busch. Freud soll folgenden Lieblingswitz gehabt haben: *„Ein Delinquent wird zu seiner Hinrichtung gebracht. Er fragt den Henker: „Welchen Tag haben wir heute". Der Henker antwortet:*

„Montag." Darauf der Mann: *„Die Woche fängt ja gut an."* Dieser Witz ist ein Beispiel dafür, was Sigmund Freud ausführlich beschreibt: Die Fähigkeit, auch das grausamste Geschehen durch Humor entschärfen zu können. Ein Witz, in dem der Delinquent die eigene Wehrlosigkeit für einen Moment überwindet und sich stark und mächtig fühlt. Dieser Witz arbeitet mit der Humortechnik, eine Situation ins Extreme zu treiben, indem eine alltägliche Floskel einer existenziellen Bedrohung entgegengesetzt wird. Es entsteht ein komischer Widerspruch, der den Leser verblüfft und Distanz zur Situation schafft.

Im Lachen können sich nach Freud Energien entladen, die benötigt werden, um unterschwelligen Aggressionen und Ängste zu beherrschen. Lachen ist für Freud Entspannung und Triebabfuhr. Deshalb wird das Lachen als lustvoll empfunden. Das plötzliche Lachen ist wie eine Erinnerung an die Freiheit, an das lustvolle Spiel in der Kinderzeit, eine Zeit vor der Triebkontrolle.

SELBSTIRONIE

Früher galt derjenige als humorvoll, dessen Körpersäfte (lat.: humores) ausgeglichen waren und ungehindert fließen konnten. Humor bedeutet also, *„etwas zum fließen zu bringen."* Als erstrebenswert gilt, über sich selbst lachen zu können, durch Eigenreflexion bestimmte Eigenschaften, Macken und Handlungen zu betrachten und sie als „seltsam", ja, belustigend, wahrzunehmen. Das heißt, um mit der Humortherapie zu sprechen, eine Distanzierung von sich selbst und damit Erkenntnis über sich und andere zu erringen.

Selbstironie erfüllt aber noch einen weiteren Zweck: *„Die Engländer lachen nur deshalb so gerne über sich, damit es andere nicht tun"*, meinte der Schauspieler Peter Ustinov. Also ein Lachen über sich selbst, um anderen zuvorzukommen. Im jüdischen Humor ist daraus geradezu eine Kunst und eine Lust geworden, sich selbst auf die Schippe zu nehmen. So wie Joshua, Rabbi von Nazareth, sagte: *„Wer sich hoch stellt, den wird Gott demütigen. Aber wer sich gering achtet, den wird er erhöhen."*[5] Und diese Erniedrigung geschieht mit einer solchen Kunstfertigkeit, dass aus der Erniedrigung eine Erhöhung wird. Aus einer Selbstdemütigung wird eine Demut, der Bewunderung gebührt. Durch die Erniedrigung behält der jüdische Humor die Kontrolle über den Spott, den man erfahren könnte. Er ist damit ein Mittel, den Ängsten zu begegnen, dass man ausgelacht werden könnte.

AUFKLÄRUNG

Weder Witze noch Humor, im Sinne von etwas als komisch zu beschreiben oder über sich selbst zu lachen, finden sich in der hebräischen Bibel. Salcia Landmann begründet dies damit, dass Humor eine Waffe der Macht- und Wehrlosen darstellt. Doch Propheten wie Abraham oder Mose empfanden sich nicht als wehrlos, sondern als aktiv und in der Lage, falls nötig, sich auch mit körperlicher Gewalt zu wehren. Außerdem war das Schicksal gottgewollt und kein Anlass, es mit einem Witz in Frage zu stellen.

Das Ziel der jüdischen Aufklärung im Europa des 18. Jahrhunderts, der Haskala (abgeleitet vom hebräischen „sechel": „Verstand"), war, das Denken mit den Mitteln der Vernunft von starren und überholten Vorstellungen zu befreien. Die Glaubenstrenge wurde aufgelockert, es entwickelte sich Mut zur Kritik sowohl an den religiösen Autoritäten der eigenen Konfession als auch an weltlichen Autoritäten. Der Witz veränderte sich vom subversiven Volkswitz zu einem Witz mit didaktischer Funktion und wurde damit zu einer literarischen Gattung. War bisher alles gottgegeben, so wuchs unter den Juden das Bedürfnis nach Widerstand gegen ihre weltlichen und religiösen Unterdrücker. Ein direkter Kampf war nicht möglich und so etablierte sich ein hintergründiger Witz.

CHASSIDISMUS

Doch fast zeitgleich gab es auch eine zurückgewandte Entwicklung: Viele Juden waren nach Russland ausgewandert, wo sie aber auch weiterhin verfolgt wurden. Hunderte jüdische Gemeinden wurden zerstört. Darauf bildete sich in Russland im 18. Jahrhundert der osteuropäische Chassidismus, eine neue Bewegung der Volksfrömmigkeit und Mystik. Ihr Motto lautete gemäß des 10. Psalms von David: *„Dienet dem Ewigen in Freuden. Gott will frohe Menschen, der Satan will traurige."* Die Chassidim waren im Gegensatz zu den Aufklärern keine Intellektuellen, sondern bildeten sich aus dem einfachen Volk. Im Chassidismus entstanden humorvolle Lehr-Geschichten, die allerdings noch nicht den Biss und die Selbstironie späterer Witze hatten. Für den Religionsphilosophen und Geschichtensammler Martin Buber war der Humor der *„Milchbruder des Glaubens"*. Eine der chassidischen Geschichten lautet so: *„Mein Großvater war lahm. Einmal bat man ihn, eine Geschichte von seinem Lehrer zu erzählen. Da erzählte mein Großvater, wie sein Rabbi beim Beten zu hüpfen und zu tanzen pflegte. Mein lahmer Großvater stand auf und erzählte, und die*

Erzählung riss ihn so mit, dass er hüpfend und tanzend zeigen musste, wie sein Meister es gemacht hatte. Von der Stunde an war mein Großvater geheilt. So soll man Geschichten erzählen."

THERESIENSTADT

Aus dem Witz der Aufklärung und den Heilsgeschichten des Chassidismus erwuchs der jüdische Humor des 19. und 20. Jahrhunderts. Scholem Alejchem, Isaac Bashevis Singer, Ernst Lubitsch, die Marx Brothers, Billy Wilder, George Tabori, um nur einige wenige herausragende Künstler zu nennen, verhalfen dem jüdischen Humor zum Welterfolg. Doch aus dem Humor der oft intelligenten, teilweise kritischen Unterhaltung wurde nach kurzer Zeit wieder eine Verteidigungswaffe.

Sagt ein SS-Mann im Lager zu einem Häftling: - „Jude, ich geb dir eine Chance. Wenn du errätst, welches meiner Augen nicht echt ist, lass ich dich leben. Aber Obacht, das Künstliche ist von meinem Eigenen nicht zu unterscheiden. Deutsche Präzisionsarbeit!" Der Jude denkt nach und sagt dann: - „Das Linke ist das falsche." – „Woher wusstest du?", staunt der SS-Mann. – „Es hat so einen gütigen, menschlichen Schimmer."

Ein jüdischer Witz, um dem Grauen eine geistige Waffe entgegenzusetzen. Ein kurzer Moment der Freiheit, um sich einen eigenen Handlungsspielraum und eine eigene Perspektive zu erobern und gemeinsam über das Leiden lachen zu können. Welche Macht spottender Witz hatte, bewies Hitlers Furcht vor Witzen. Wie ein Biograf über ihn schrieb, hatte Hitler panische Angst davor, ausgelacht zu werden. Wenn sich jemand über ihn lustig machte, griff

Hitler ihn sofort an. Menschen wurde der Prozess gemacht, weil sie ihre Hunde und Pferde Adolf nannten. Unter Hermann Göring war es ein Akt des Verrates, sich Anti-Nazi-Witze auch nur anzuhören oder gar zu erzählen. Zwischen 1933 und 1945 sollen 5000 Todesurteile wegen Anti-Nazihumor gefällt worden sein.

Auf der Bühne steht ein korpulenter Mann im piekfeinen Anzug im Scheinwerferlicht und singt: *„Ich kenn ein kleines Städtchen, ein Städtchen ganz tipptopp, ich nenn es nicht beim Namen, ich nenn´s die Stadt Als-ob."* [6] Doch mit diesem Städtchen, von dem er singt, ist nicht irgendein wirkliches Städtchen gemeint, sondern das KZ Theresienstadt im Jahr 1944. Ein Durchgangslager, wie es offiziell heißt. In Wirklichkeit ein Konzentrationslager. Nach Angaben der Historiker starben hier über 33.000 Menschen, darunter zahlreiche Kinder. Einer der Internierten ist Kurt Gerron, ein in Deutschland bejubelter Schauspieler und Kabarettist, der später in Auschwitz vergast wird. Theresienstadt, ein Lager für Künstler und Intellektuelle. Die Nazis forderten, einen Kulturbetrieb zu ihrer eigenen Unterhaltung im Lager zu führen. Doch dies war auch für die Internierten eine Möglichkeit, dem Grauen für einige Momente zu entfliehen. Emil Fackenheim, Philosoph und Überlebender von Auschwitz, sagte: *„Wir erhielten unsere Moral durch Humor."* Durch die Darbietungen wenigstens für einen Moment sich selbst über die Unterdrücker zu erhöhen. Spott als Verteidigungswaffe, um der Übermacht einen geistigen Widerstand entgegensetzen zu können und damit die Würde zu behalten.

Hitlers „Mein Kampf" wurde auf der Bühne als „Mein Krampf" bezeichnet. Es gab bei der Programmgestaltung keine Zensur.

Diese Freiheit war eine Art zynische Geste der SS. Viktor Frankl, der spätere Begründer der „Paradoxen Intention", beschreibt eine Gruppe, deren Haar abrasiert wurde und die in die Duschräume geleitet wurden. *„Die Illusion, dass wir überleben sollten, wurde zerstört, und dann, ganz unerwartet, überkam uns so etwas wie ein grimmiger Sinn von Humor. Wir wussten, dass wir nichts zu verlieren hatten, außer unserem lächerlichen nackten Leben. Als die Duschen angeschaltet wurden, bemühten wir uns, Witze zu reißen, und begannen, über uns selbst und über die anderen zu lachen. Und dann erkannten wir, dass aus den Düsen nur richtiges Wasser spritzte."* [7] Ein grimmiger Humor, ein „Trotzdem" angesichts der Ausweglosigkeit. Viktor Frankl half es, Auschwitz zu überleben.

TRAGÖDIE PLUS ZEIT

Die Welt hat dem jüdischen Humor, der aus dem Streiten mit Gott, aus der Verfolgung, Unterdrückung und Mord durch Andersgläubige und Fanatiker entstand, viel zu verdanken. Im Laufe von Jahrhunderten erwuchs ein Humorerbe, welches das Leben auch und gerade in seinen schwierigsten Momenten erträglicher macht; unsere Alltagstherapie sozusagen. Innerhalb dieser Tradition haben die jüdischen Ärzte Sigmund Freud und Viktor Frankl das Fundament für Humor in der Therapie gelegt, der heute Menschen jeden Glaubens oder Nichtglaubens helfen kann, sich ihren Ängsten zu stellen. Insbesondere die Fähigkeit, es zulassen zu können, ausgelacht zu werden. Und anstatt unter dem Schmerz zu leiden, mit zu lachen, nicht zuletzt, um den anderen zu entwaffnen.

Auch wenn dies nicht immer sofort gelingt, dann vielleicht doch nach einer gewissen Zeit. Woody Allen drückt es so aus: *„Komödie ist Tragödie plus Zeit."*

WITZE IM JUDENTUM

Kurz bevor der Jude Samuel starb, rief er nach einem katholischen Priester. Alle waren bestürzt, aber es war der letzte Wunsch des Sterbenden und so holte man einen Priester. Samuel wünschte sich, getauft zu werden und der Priester führte die Zeremonie auch sofort durch. Danach fragten ihn alle: „Samuel, was sollte das?" Samuel erklärte: „Ich hab mir gedacht, wenn ich schon sterben muss, soll es wenigstens einen von denen erwischen!"

Ein Chassid erzählt: „Die meisten Wundertaten der Rabbis kennt man nur vom Hörensagen. Ich aber kann euch eine Geschichte erzählen, die ich selber miterlebt habe: Eines Tages sah unser Rabbi im Haustor gegenüber einen Juden Schweinespeck kauen. Er hob zornig den Arm und rief: Das Haus soll über dem Sünder zusammenbrechen! Dann aber besann er sich und rief schnell: Halt, um der Gerechten willen, die vielleicht auch in dem Hause wohnen! Damit nicht Unschuldige zu Schaden kommen, möge das Haus stehen bleiben! Und was sagt ihr dazu: Das Haus blieb tatsächlich stehen!"

Auf einer Zugreise setzt sich ein Jude zu einer Gruppe orthodoxer Talmudschüler. Plötzlich sagt einer von ihnen: „Fünfundzwanzig", und alle lachen. Der nächste ruft: „Siebenundvierzig", und die Chassiden prusten, ja brüllen vor Gelächter. Ein anderer sagt: „Dreihundertachtzig", und wiederum johlen alle, bloß der Reisende versteht nicht, was geschieht; er fragt: „Was soll das? Seid ihr vollkommen meschugge geworden?" Da erklärt ihm sein Nachbar: „Wir erzählen einander Witze. Aber da wir bereits alle kennen, gelangt niemand bis zum Ende, weil die anderen sagen: Den kenn ich schon, aber in einer besseren Variante. Also haben wir beschlossen, die Witze zu nummerieren und nur die Zahlen aufzurufen. „Was für eine großartige Idee", meint der Neuling: „Gebt mir die Liste." Sie machen weiter. „Dreiundfünfzig", sagt einer, wieder Gelächter. „Zwanzig", erneutes Lachen. Die Reihe kommt an den Neuen. Er ruft: „Hundertundsiebzehn", aber keiner lacht. Alles bleibt stumm. „Hundertundsiebzehn! Hundertundsiebzehn, das ist doch ein wunderbarer Witz. „Gewiß", meint sein Nachbar: „Ein wunderbarer Witz, aber ... erzählen muß man ihn können."

Ein älterer Jude aus Berlin findet sich plötzlich von raubeinigen Nazis umringt, die ihn zu Boden schlagen und höhnisch fragen: „Na, Jude, wer ist denn schuld am Krieg?" Der kleine Jude ist nicht auf den Kopf gefallen und antwortet: „Die Juden und die Radfahrer." „Warum die Radfahrer?", fragen die Nazis. „Warum die Juden?", kontert der alte Mann.

„Elias, ich bin doch dein bester Freund!" „Ja, sicher, David!" „Darum vertrau ich dir an: Dein Weib betrügt uns alle beide!"

„Und was ist der Unterschied zwischen einer jiddischen Mame und einem Terroristen?" „Nun, mit Terroristen kann man verhandeln."

3.
WORÜBER LACHT JESUS?
SCHERZ UND SCHMERZ IM CHRISTENTUM

„Aus einem verzagten Arsch
kommt kein fröhlicher Furz!"
Martin Luther

„Was, wenn Jesus nicht gekreuzigt, sondern im See Genezareth ertränkt
worden wäre?" „Dann würden in den Kirchen Aquarien stehen, und die
Gläubigen kleine Aquarien um den Hals tragen." Darf man sich über die
Kreuzigung lustig machen? Könnte man sich sogar einen lachenden Jesus
vorstellen, einen Heiligen Narren?

Als 2006 die englische Zeichentrickserie „Popetown" des
Jugendsenders MTV über deutsche Bildschirme flimmerte, war die
Aufregung groß. Die Serie verspottet einen imaginierten Vatikan,
in dem ein infantiler Papst und drei korrupte Kardinäle das Zepter
schwingen. Für ebensoviel Ärger wie die Serie sorgte auch das
Plakat: Unter der Überschrift „Lachen statt Rumhängen" sehen wir
einen Jesus, der vom Kreuz gestiegen ist und vorm Fernseher „ab-
lacht"! Der Märtyrer wird zum amüsierten Couch Potatoe. So pro-
fan diese Werbung auch sein mag, so zeigt sie doch, dass eine solche Darstellung von vielen als wohltuende Befreiung empfunden
wird. Von einem Jesusbild, das seit Jahrhunderten das Christentum
beherrscht: Ein ausschließlich ernster, würdevoller, leidender Sohn
Gottes. Könnte es nicht auch einen lachenden, humorvollen, witzi-
gen Jesus geben? Einen heiligen Narren, mit dem - oder sogar über
den - man lachen darf?

SPOTT ALS BEFREIUNG

In den fünf Büchern Mose findet sich, wie im vorigen Kapitel schon

36

erwähnt, die wohl berühmteste biblische Geschichte über das Lachen. Der Prophet Abraham und seine Frau Sarah lachen über JHWE, den, wie er sich selbst nennt, eifersüchtigen und zornigen Gott, als er ihnen prophezeit, dass sie im hohen Alter noch Eltern werden. Zu ihrer Überraschung wird Sarah tatsächlich schwanger, und Gott ist keinesfalls erzürnt über ihr Lachen. JHWE versteht hier sozusagen Spaß. Zum Dank nennen sie ihren Sohn: Isaak: Gott lacht!

Kann Jesus dem Beispiel von Abraham, Sarah und Gott folgen und lachen? Nein, in den Evangelien wird nirgends erwähnt, dass Jesus gelacht hat. Wenn Jesus wirklich gelebt hat, stellt sich jedoch die Frage, ob diese humorlose Beschreibung der historischen Person gerecht wird. Hatte vielleicht jemand Interesse daran, dies zu unterschlagen? Oder lesen wir die Evangelien nur falsch?

Natürlich wird ausgiebig von Jesu Freude berichtet. Schließlich heißt das Evangelium: die Frohe Botschaft. Die Freude Jesu über das Nahen des Reich Gottes. Und er war ein Mensch voller Emotionen, hat gefeiert und Wein getrunken, wie dies von der Hochzeit zu Kanaa berichtet wird. Doch wird diese Freude überschattet vom Spott der Soldaten bei der Kreuzigung, der wie ein Fluch über dem Lachen im Neuen Testament liegt. Der Bischof und Kirchenvater Chrysostumos entwickelte daraus im 4. Jahrhundert seine Theologie der Tränen. Nicht das Lachen, sondern allein das Weinen verbinde mit Gott.

LACHEN STATT LEIDEN

Ostersonntag im Jahre 1518 im vollbesetzten Basler Münster. Der Pfarrer auf der Kanzel quiekt und grunzt wie ein Schwein. Er kommt von der Kanzel herunter und rennt hüpfend und noch lauter quiekend durch die Kirche. Er macht sich zum Narren. Und die ganze Gemeinde schüttet sich aus vor Lachen. Skandal in der Messe? Nein, Ostern im Mittelalter. Das vom Klerus inszenierte Ostergelächter, Risus Pascalis, im Anschluss an die Predigt war viele Jahre lang ein fester Bestandteil des Festgottesdienstes. Nach langer Fastenzeit hatte das Osterlachen eine Ventilfunktion. Die Geistlichen imitierten nicht nur Tiere, sondern erzählten komische Geschichten, die so genannten „Ostermärlein". *Maria und Josef bitten in Bethlehem um ein Quartier. Gastwirt: „Ich habe kein Zimmer frei." Josef auf Marias Bauch zeigend: „Sehen Sie denn nicht, in welchem Zustand sie ist." Gastwirt unwirsch: „Dafür kann ich doch nichts." Josef entrüstet: „Ich vielleicht?"* Hier kommen Glaube, Lachen und körperliche Freuden, wie Sexualität, zusammen. Die „frohe Botschaft" einmal ganz direkt und körperlich verkündet.

Ein Gegenentwurf zu Chrysostumos' Theologie der Tränen. Was steckt dahinter? Zunächst einmal der Genuss daran, die Obrigkeit, den Klerus und die Pfarrer so richtig auslachen zu können. Welche Größe der Geistlichen, sich so zum Narren machen zu lassen. Könnte man sich heute vorstellen, dass eine Pfarrerin oder ein Pfarrer, Kardinal Lehmann, Bischof Huber oder Bischöfin Käßmann am Ostersonntag wie Schweine grunzend durch die Kirche rennen? Dahinter verbirgt sich eine theologische Botschaft: Das Ostergelächter sollte daran erinnern, dass Jesus nicht im Grab geblieben, sondern auferstanden ist. Eine Methode, die Angst vor Sterben und Tod auszulachen.

Mit der Reformation wurde jedoch das Ende des Ostergelächters eingeläutet. Zwar bewies Luther Humor, als er feststellte: *„Aus einem verzagten Arsch kommt kein fröhlicher Furz."* Aber mit dem Osterlachen war es vorbei.

LACHVERBOT?

Tatsache bleibt, dass Jesus im Neuen Testament nicht lacht. Oder nicht lachen darf? Jesus wird nicht als sterblicher Prophet wie Mohammed oder Abraham gesehen. Paulus hat aus dem Menschen Jesus den Gott Christus kreiert. Und ein Gott lacht nicht wie ein gewöhnlicher Mensch. Die Gründe sind leicht ersichtlich: Christus könnte mit seinem Lachen seine Würde verlieren. Und damit seine Autorität. Worauf sollten sich die Kirchenväter und Theologen dann noch berufen? Lachen nähme den Kirchenvätern ihre männliche Vorherrschaft. Der patriarchale Machtanspruch basiert auch auf der Unterdrückung von Körperlichkeit. Kein Wunder, sind Lachen und Sexualität doch nicht kontrollierbar und wurden deshalb in der Geschichte des Christentums als Versuchung und Zeichen des Bösen denunziert.

Umberto Eco zeichnet dies in seinem Roman „Der Name der Rose" nach. Ein blinder Mönch vergiftet seine Kollegen, die Aristoteles' Schrift über die Theorie der Komödie lesen. Warum? Weil das Lachen die Furcht nimmt und ohne Furcht kein Glaube möglich sei. Doch William von Baskerville, der mit der Aufklärung der

Morde beauftragt ist, erwidert, dass ein Glaube ohne Lachen eine Arroganz des Geistes sei. Eine Wahrheit, die nie von Zweifeln befallen wird, sei unmenschlich. Lachen hingegen lässt den Zweifel zu, der einer Begrenztheit der menschlichen Wahrheit Ausdruck verleiht. Noch immer eine Herausforderung für die katholische Kirche: Papst Benedikt XVI. verkündet, dass Zweifel am Glauben für einen wahren Christen nicht zulässig sei.

GLEICHNIS – PARADOX?

Kürzlich berichtete mir eine Pfarrerin deprimiert, dass sie in ihrer Predigt angedeutet hätte, dass manches Gleichnis von Jesus auch humorvoll betrachten werden könne. Daraufhin seien Gottesdienstbesucher wütend aufgestanden und hätten die Kirche verlassen. Jesus gilt eben als würdevoller, ernster Mann. Jüngstes Beispiel ist der Film „Die Passion Christi" von Mel Gibson. Was aber wäre, wenn man sich Jesus als einen vorstellt, der gegrinst und gelacht hat? Und Witze im Dienste einer höheren Wahrheit erzählt hat? *„Was siehst du den Splitter im Auge deines Bruders, aber den Balken in deinem Auge bemerktest du nicht."* [8] Hier spottet Jesus über die Selbstgerechtigkeit eines Menschen. Vielleicht hat er gegrinst, als er das sagte.

Paradoxa sind dafür prädestiniert, Konzepte zu knacken. Im Buddhismus kennt man das Koan: ein kurzes paradoxes Rätsel, das keine Lösung hat, solange man auch darüber nachdenkt. Ein Paradox, welches das logische Denken des Zuhörers außer Kraft setzt und versucht, Widersprüche nicht zu lösen, sondern auszuhalten. Viele Worte Jesu klingen paradox. *„Wer ist unter euch, der* *seines Lebens Länge eine Spanne zusetzen könnte, wie sehr er sich auch darum sorgt?"*[9] Nicht für die Zukunft sorgen? Klingt dies nicht widersinnig angesichts einer modernen Medizin, die sich darum sorgt, wie das Leben mit immer mehr technischem Aufwand verlängert werden kann? *„Selig sind die, die arm im Geist sind."*[10] Seinen Geist leer machen, leer von einer Vorstellung von Gott, um offen und frei zu sein, dem Mitmenschen ohne Vorurteile zu begegnen. Scheinbar verrückte Bilder, welche die empirische Wirklichkeit des Alltags auf den Kopf stellen. Doch gerade diese andere Perspektive schärft die Wahrnehmung.

Und hat sich Jesus zum Lachen geäußert? In der berühmten Bergpredigt heißt es: *„Wehe, die ihr jetzt lacht, ihr werdet weinen und klagen".*[11] Und: *„Selig, die ihr jetzt weint, ihr werdet lachen."*[12] Diese beiden Textstellen werden gerne verwendet, um dem Gläubigen das Lachen auszutreiben. Wer weint, wird lachen, aber nicht jetzt, sondern irgendwann im Jenseits. Lachen im Diesseits bedeute nichts anderes als Spott, Eitelkeit und Gottesferne. Doch man kann die Stellen auch anders interpretieren: Natürlich, ein verletzendes Lachen entblößt und kann dem anderen Schmerz zufügen, aber eben nicht jede Form des Lachens. Und: Weinen kann schon im Diesseits zu einem Lachen werden, nicht irgendwann, sondern jetzt, im Königreich, das, so Jesus, in uns sei.

JESUS ALS HEILIGER NARR?

Paulus schrieb an die Korinther: *„Wir sind alle Narren um Christi willen."*[13] Aus diesem Pauluswort leitet sich der Begriff „Narren in Christo" ab. So wurden die Anhänger Jesu genannt, die wegen ihres Glauben an die Auferstehung für Narren gehalten wurden. Doch auch Jesus wurde wegen seines Glaubens verspottet, also der erste Narr in Christo? Paulus weiter: *„Wer unter euch meint, weise zu sein in dieser Welt, der werde ein Narr, dass er weise werde."*[14] Erst durchs Narrsein wird eine Weisheit erahnt, die nicht mit weltlichem Wissen erfassbar ist. Damit wäre Jesus eben nicht nur der würdevolle Gott, dessen Markenzeichen die Humorlosigkeit ist. Im Gegenteil: ein heiliger Narr vermittelt das Unsagbare mit paradoxem Humor, aber eben nicht als Dogma, sondern als Einsicht, der man folgen kann - oder auch nicht. Der Heilige Narr stellt die Welt auf den Kopf, um auf eine höhere Wahrheit hinzuweisen. Der Religionswissenschaftler Rudolf Otto definiert das Heilige als die Begegnung mit Wirklichkeiten und Wesenheiten, die ganz anders sind. Dieses Anderssein lässt sich nicht in gewöhnlichen Worten und Bildern fassen, sondern kann nur angedeutet werden.

In Russland kennt man die Jurodiwy: Exzentrische Figuren, die sich außerhalb der konventionellen Gesellschaft bewegen. Gläubige vermuten, dass er oder sie göttlich inspiriert ist und deshalb Wahrheiten aussprechen kann, die so kein anderer zu vermitteln vermag. Auch der Hofnarr im Mittelalter geht auf die religiöse Bedeutung des Mahners der Vergänglichkeit zurück. Er besaß Narrenfreiheit: das Recht des Narren, dem Herren eine unbequeme Wahrheit zu sagen, ohne dafür bestraft zu werden. Dies allerdings war Jesus nicht vergönnt. Jesus ist unter dem Jubel und Gesang der Menschen auf einem Esel in Jerusalem eingeritten, sozusagen mit einem heiteren Geist, obwohl er wusste, dass er dort hingerichtet wird. Bei seiner Kreuzigung setzten die Soldaten ihm die Dornenkrone auf und machten aus ihm mit höhnischem Gelächter den König aller Narren. Ein Heiliger Narr, der an seine eigene Auferstehung glaubt. Aber vielleicht war auch seine Kreuzigung die Inszenierung eines Heiligen Narren?

So schrecklich dieses Lachen der Soldaten auch sein mag, es scheint im Sinne der Hingabe Jesu nur folgerichtig zu sein. Jesus, einer, der Lahme gehend macht und Tote auferweckt, tut nichts, um dieses Lachen und Spotten zu beenden. Im Gegenteil: er lässt sich voller Absicht verspotten. Er hält das Lachen aus, beschützt auch die Soldaten: *„Vater vergib ihnen, denn sie wissen nicht, was sie tun.“* [15] Die Soldaten töten mit ihrem Lachen nicht nur den Leib Jesu, sondern das gesamte Konzept des Messias. Auch das Konzept, das Jesus von sich selbst hat, der König der Juden und Sohn Gottes zu sein, der von seinem Vater Gott gerettet werde. Und so gibt sich Jesus hin: *„Vater, in deine Hände gebe ich meinen Geist.“* [16] Dieser Moment kann als der Moment der größten Freiheit gedeutet werden. Kein Denken, keine Hoffnung, kein Wille. Das völlige Loslassen, das pure Vertrauen in den Augenblick.

JESUS LACHT!

Aber gibt es denn nicht doch Quellen, die vom Lachen Jesu zeugen? *„Und ich, Petrus, sagte: „Wer ist derjenige oben neben dem Kreuz, der fröhlich ist und lacht? Und einem anderen schlagen sie auf die Füße und auf die Hände.“ Der Erlöser sagte zu mir: „Der, den du oben neben dem Kreuz fröhlich und lachend siehst, ist der lebendige Jesus. Aber der, in dessen Hände und Füße Nägel geschlagen werden, ist sein fleischliches Teil.“* [17] Dies ist ein Text aus der Apokalypse des Petrus, einer gnostischen Schrift aus dem 3. Jahrhundert n. Chr., also nicht viel jünger als die Evangelien. Diese Worte wurden 1945 im ägyptischen Nag Hammadi gefunden und sind nicht Teil der Bibel. Der lebendige Christus, der auferstandene Erlöser findet sich neben dem Kreuz und sieht lachend mit an, wie ein anderer an seiner Stelle ans Kreuz geschlagen wird. Diese Szene lässt sich nur verstehen, wenn man kurz in die Welt der Gnosis eintaucht: Gnosis, auf Deutsch: Erkenntnis, ist eine religiöse Geheimlehre im 3. Jahrhundert n. Chr. und Konkurrenz zum Christentum.

Der Gnosis nach teilt sich Jesus Christus auf, zum einen in den irdischen Jesus, dessen fleischlicher Körper gekreuzigt wird; zum anderen in Christus, den lebendigen Jesus, der sich von seinem fleischlichen Teil getrennt hat. Christus lacht, weil die Soldaten nicht wissen, dass er sich längst von seinem irdischen Leib getrennt hat und sie nur einen Schein-Jesus ans Kreuz schlagen. Und aus einem Gefühl der Befreiung heraus, sich vom Schmerz des Körpers getrennt zu haben, entkommen aus der Dichotomie, Mensch und gleichzeitig Ebenbild Gottes zu sein. Es ist nachvollziehbar, dass die Gnosis im Christentum als Ketzerei verurteilt wird. Denn wenn nicht der ganze Jesus Christus gekreuzigt würde, dann kann er auch nicht wirklich sterben, dann gibt es auch kein Martyrium für die Sünden der Welt, keine Passion, keine Auferstehung im christlichen Sinne.

ALWAYS LOOK ON THE BRIGHT SIDE OF LIFE

Wie wird heute über Jesus gelacht? Neben der Popetown-Kampagne gibt es zwei wunderbare Beispiele jüngeren Datums, in denen Jesus heiter dargestellt wird: Was geschieht, wenn man zur gleichen Zeit wie Jesus geboren wird und versucht, sich als jemand, der gar nicht predigen will, unter vielen anderen Predigern zu verstecken? Der 1979 gedrehte Film „Das Leben des Brian" von der britischen Komikergruppe Monty Python erzählt, wie die Menschenmassen Brian zum unfreiwilligen Erlöser auserwählen. Wie Jesus endet er am Kreuz, doch anstatt zu leiden, beginnt er mit anderen Verurteilten ein Lied zu singen: Always look on the bright side of life. Kein Wunder, dass der Film als Blasphemie beschimpft wurde. Das Leid der Kreuzigung wird verwandelt in ein freudiges Annehmen des Schicksals. Ein befreiendes Lachen eines Narren, der den Menschen den Spiegel ihres Fanatismus vorhält. Für viele Zuschauer absolut befreiend, dient doch das Martyrium Jesu immer wieder dazu, Menschen Furcht einzuflössen.

Noch einen Schritt weiter geht der österreichische Zeichner Gerhard Haderer in seinem Bildband „Das Leben des Jesus." Jesus surft in der Haltung eines Gekreuzigten über den See Genezareth und erholt sich als Hippie kiffend im Himmel. Dass sich hier Gläubige verletzt fühlen, ist verständlich. Kein leidender Jesus, vielmehr ein genießender, kindlich verspielter, heiterer Jesus, einem fröhlichen Menschen gleich. Das Jesus-Konzept vom Sterben für die menschlichen Sünden wird radikal in Frage gestellt. Bombendrohungen und Strafanzeigen waren die Folge. Haderer sagte dazu, dass sein Buch niemals als Tabubruch angelegt war. Es gehe um die Darstellung einer sympathischen Jesus-Figur.

Theologie des Komischen?

Jesus war es nicht vergönnt, wie es vom Propheten Mohammed

überliefert ist, als sterblicher Mensch zu lachen. Auch war es Jesus nicht vergönnt, wie Buddha noch während seines Lebens lächelnd die Vollendung zu erreichen. Jesus ist laut Bibel der gekreuzigte, auferstandene, würdevolle Sohn Gottes, der nicht lacht. Doch nach der gnostischen Apokalypse des Petrus ist ein Lachen des lebendigen Jesu überliefert. Eine Möglichkeit, um Jesus in der Rolle eines heiligen Narren zu deuten. Dieses Bild würde weder auf den Propheten Mohammed noch auf Buddha passen.

Bisher wurde im Christentum angesichts eines leidenden Christus mehr geweint als gelacht. Leiden ermöglicht eine tiefe Erfahrung, und das Martyrium Jesu bedeutet im Christentum die Voraussetzung für die Auferstehung. Aber wo Leiden zum Selbstzweck wird und das Lachen verdrängt, tut ein Ausgleich dringend Not. *„Alles hat seine Zeit: Weinen hat seine Zeit, Lachen hat seine Zeit"*,[18] weiß der Prediger Salomo. Die Narrheit kann als ein Spiegel betrachtet werden, der die Widersprüchlichkeit der menschlichen Existenz abbildet. Den einzelnen Menschen damit in seiner Widersprüchlichkeit ernst nimmt und versucht, diese Widersprüchlichkeit auszuhalten. Doch das Bild des Heiligen Narren ist gefährlich, weil es die Distanz zwischen Mensch und Gott verringert. Jesus als Heiliger Narr entzaubert den menschenfernen Erlöser. Wer lacht, paradoxe Gleichnisse erzählt und den Zweifel zulässt, kündet vom Fluss der Wahrheit. Daraus entsteht Selbstverantwortung und Demut. Ein Heiliger Narr kann sozusagen in den närrischen Modus schalten, sich von Konzepten befreien und dadurch frei werden für eine Begegnung ohne Vor-Urteile, für die Liebe als Erkennen.

In diesem Sinne ließe sich sogar eine Theologie des Komischen entwerfen. Die Erfahrung einer paradoxen Gegenwelt, die auf eine höhere Wahrheit verweist, die sich aber nur begrenzt in Worte fassen lässt. Die heilige Narrheit wird zu einem Signal der Transzendenz. Darin liegt die heimliche Macht des Narren, im Gegensatz zu der hierarchischen Direktheit der kirchlichen Autoritäten. Im Namen Christi, der für unsere Sünden gestorben sei, wird missioniert und werden Kriege geführt. Im Namen eines heiligen Narren dürfte dies schwieriger werden. Und manchmal genügt es, ein bisschen unsanft auf Vorstellungen gestupst zu werden.

Die katholische Theologin Ranke-Heinemann meint dazu: *„Ein Esel stellt sich Gott als Esel vor. Der Papst stellt sich Gott als Mann vor."* Und vielleicht stellt sich auch nur ein Narr Jesus als einen Heiligen Narren vor.

WITZE IM CHRISTENTUM

Moses kommt vom Berg Sinai herab, um den Israeliten Gottes Botschaft zu verkünden: „Also Leute, es gibt eine gute und eine schlechte Nachricht. Die gute Nachricht ist: Ich hab' Ihn auf zehn heruntergehandelt. Die schlechte Nachricht: Ehebruch ist immer noch dabei."

Ein Jude begeht Selbstmord und wird daraufhin von Gott zur Rede gestellt: „Warum hast du das getan? Weißt du nicht, dass ein Jude sich nicht töten darf?" Ja", sagt der Jude, „aber mein Sohn hat sich taufen lassen." Darauf der liebe Gott: „Na und, meiner hat sich auch taufen lassen." „Und was hast du darauf gemacht?", will der Jude wissen. „Ein neues Testament."

Lange nach Jesu Tod und Auferstehung erzählten sich die Christen immer neue Geschichten von seinen Wundertaten. „Ich will euch einmal berichten, was ich selbst erlebt habe", meinte ein alter Mann. „Ein Gelähmter kam auf Krücken zum Messias und bat ihn, ein Wunder zu tun. Jesus segnete ihn und rief: Wirf deine Krücken fort! „Und?" fragten die Zuhörer gespannt. „Was soll ich euch sagen - hingefallen ist der Mann!" „Aber das ist doch kein Wunder!" „Wunder ist es keins, aber ich bin dabeigewesen."

Seinen immerwährenden Einsatz für den Erhalt des Glaubens brachte Kardinal Ratzinger eine Fülle von Witzen ein, die man über ihn machte. So wurde erzählt, Ratzinger würde nicht beten: „Lieber Gott, mach mich fromm, dass ich in den Himmel komm", sondern: „Lieber Gott, ich mach Dich fromm, wenn ich in den Himmel komm!" Am meisten hat er wohl selber darüber gelacht.

Ein Priester saß an seinem Schreibtisch am Fenster und bereitete eine Predigt über die Vorsehung vor, als er erfuhr, dass ein Damm gebrochen war, der Fluss Hochwasser führte und die Bevölkerung evakuiert wurde. Es fiel ihm schwer, aufsteigende Furcht zu unterdrücken, aber er sagte sich: „Ich will praktizieren, was ich predige. Ich werde nicht fliehen. Ich werde hier bleiben und auf Gottes Vorsehung, mich zu retten, vertrauen." Als das Wasser bis zu seinem Fenster stand, fuhr ein Boot vorbei, und die Menschen darin riefen ihm zu: „Steigen Sie ein, Herr Pfarrer." „Oh nein, Kinder", sagte der Priester, „ich vertraue auf die Vorsehung. Gott wird mich retten." Später kletterte er auf das Dach, und als das Wasser auch bis dorthin stieg, kam ein weiteres Boot voller Menschen vorbei, und sie drängten den Pfarrer, einzusteigen. Wiederum lehnte er ab. Schließlich stieg der Gottesmann in die Glockenstube hinauf. Als ihm das Wasser bis zu den Knien reichte, schickte man einen Polizeioffizier mit einem Motorboot, um ihn zu retten. „Nein danke, Herr Offizier", sagte der Priester ruhig lächelnd. „Sehen Sie, ich vertraue auf Gott. Er wird mich nicht im Stich lassen." Als der Pfarrer ertrunken und zum Himmel aufgestiegen war, beklagte er sich sofort bei Gott. „Ich habe Dir vertraut! Warum tatest Du nichts, um mich zu retten?" „Nun ja", erwiderte Gott, „immerhin habe ich drei Boote geschickt."

Kommen ein Busfahrer und ein Pastor an die Himmelspforte. „Du kommst sofort rein", sagt Petrus zum Busfahrer. Der Pastor ist enttäuscht. „Ich habe mein ganzes Leben für das Reich Gottes gearbeitet, habe gepredigt, getauft, konfirmiert, beerdigt - und dieser Busfahrer kommt sofort in den Himmel, während ich warten muss." „Tja", sagt Petrus, „wenn du gepredigt hast, haben alle geschlafen, aber wenn er gefahren ist, haben alle gebetet."

Drei Frauen unterhalten sich über die leeren Kirchen heutzutage. Sagt die erste: „Mehr als 25 Besucher erlebe ich nur noch selten." Sagt die zweite: „Bei uns sind es meistens nicht mehr als fünf oder sechs." Sagt die dritte: „Wenn der Pfarrer in der Predigt „geliebte Gemeinde" sagt, werde ich immer rot."

Johannes Paul II., Kardinal Ratzinger und Kardinal Lehmann gehen am See Genezareth entlang zu einer Konferenz. Da sie leicht verspätet sind, schlägt der Papst vor: „Kommt, lasst uns über den See gehen" und geht los, sogleich von Ratzinger gefolgt. Kardinal Lehmann zögert einige Zeit und betritt dann ebenfalls den See, in dem er jämmerlich untergeht. Ratzinger daraufhin zum Papst: „Wir hätten ihm sagen sollen, wo die Steine liegen". Daraufhin der Papst: „Welche Steine?"

„Dürfen Pfarrer heiraten?" „Natürlich, wenn sie sich lieben."

4.
WORÜBER LACHT MOHAMMED?
Lachen als rechtes Handeln

„Derjenige, der Frieden gefunden hat,
kann gar nicht anders als lächeln."

Rumi

Muslime seien humorlos, heißt es. Doch wie steht es wirklich damit im Islam, und was sagt der Koran darüber? Vom Propheten Mohammed ist überliefert, er habe so sehr gelacht, „dass seine Weisheitszähne sichtbar wurden". Vielleicht hat die muslimische Kultur nur eine andere Art Humor als die christlich-säkulare Gesellschaft? Doch auch unter Muslimen unterscheidet sich der Humor erheblich. Im Gegensatz zu orthodoxen Muslimen können andere Muslime sehr wohl über ihre Religion Witze machen. Humor und die Fähigkeit zu Lachen ist allen Menschen eigen, egal wo sie aufgewachsen sind, nur: Worüber wir unseren Mitmenschen erlauben, zu spotten und zu lachen, darin unterscheiden wir uns.

Eine schwarz verschleierte Frau betritt die Bühne, nur ihre Augen blitzen hervor. Nach einem Moment schiebt sie den Schleier zur Seite und lacht herausfordernd: *„Keine Angst, ich sprenge euch nicht in die Luft."* Obwohl die Kabarettbühne beim Maulheldenfestival in Berlin ausverkauft ist, herrscht Grabesstille. Niemand lacht. Doch dann legt sie nach: *„Als ich kürzlich in Mekka zur Pilgerfahrt war, spürte ich plötzlich, wie jemand mir an den Hintern fasste. Es muss wohl die Hand Gottes gewesen sein."* Nun endlich erschallt erlösendes Gelächter. Die englische Komikerin und bekennende Muslima Shazia Mirza, von der englischen Presse zu „Allahs Humorwaffe" erklärt, grinst in die Runde. Und das Publikum liegt ihr zu Füßen. Darf eine Muslima so über ihren Glauben lachen? Lachen und Islam – wie passt das überhaupt zusammen?

Die Proteste gegen die dänischen Karikaturen und das Verbot einer Satirezeitschrift in Marokko haben den Westen überrascht, wie vehement die Reaktionen auf Satire sein können. Eigentlich haben die meisten der dänischen Karikaturen wenig mit Humor zu tun, sondern mehr mit der Behauptung, der Prophet Mohammed käme einem Terroristen gleich. Trotzdem wurden die Karikaturen zum Gradmesser für den angeblich fehlenden Humor von 1,4 Milliarden muslimischen Gläubigen. Dem säkularen Westen gilt die Fähigkeit, auch mal über sich selbst lachen zu können, als hoher Wert. Überhaupt hat das Lachen in der westlichen Gesellschaft Hochkonjunktur. Dies gilt vielen Muslimen als Folge einer zügellosen Spaßgesellschaft, in der menschliche Werte wenig zählen und es nur um Geld, Vergnügen und Ablenkung gehe. Ängste und Vorurteile also auf beiden Seiten.

In den Religionen lässt sich ein grundsätzliches Misstrauen gegenüber dem Lachen beobachten. Jesus warnt in der Bergpredigt diejenigen, die lachen, denn sie werden weinen. Christliche Gruppen verwahren sich häufig dem relativierenden Lachen über religiöse Werte. Wie bewerten Koran und andere Schriften des Islam das Lachen? Jedes Handeln des Propheten kann dem Muslim als Vorbild für dessen Handeln gelten, also wäre es interessant zu erfahren, wie der Prophet Mohammed mit dem Lachen umgegangen ist.

GOTT IST SCHÖN!

Betrachten wir zunächst das Schwere, das Ernste und Erhabene, das besonders in der Erfahrung der Schönheit seinen Ausdruck findet.

Kalligrafie, die bildnerische Gestaltung von Schrift, gilt als Musik für die Augen. Die Worte *„Mohammed, Friede sei mit ihm"* finden sich ebenso häufig künstlerisch bearbeitet wie die erste Sure des Koran, Al-Fātiha, die Eröffnende: *„Im Namen Allahs, des Erbarmers, des Barmherzigen!. Lob sei Allah, dem Weltenherrn ..."* Vom Propheten Mohammed sind die Worte überliefert: *„Gott ist schön und liebt die Schönheit."* Schönheit als Ausdruck der Vollkommenheit soll beim Betrachter ein anrührendes Gefühl auslösen, ja mehr noch, der Betrachter soll erleben, wie sich die Schönheit auf ihn selbst überträgt, denn auch der Mensch hat an dieser Schönheit Anteil. So heißt es in Sure 95 im Koran: *„Wir haben den Menschen im schönsten Ebenmaß geschaffen."*

Das heilige Buch des Koran wird mit großer Ehrfurcht behandelt, die Suren werden nicht einfach gelesen, sondern rezitiert. *„Von dem die Haut erschauert derer, die fürchten ihren Herrn."* Gänsehaut durch den Klang. Eine Berührung an Körper und Seele, die zum Gedenken Gottes fähig macht. Berühmte Koranrezitatoren werden oft wie Popstars gefeiert. Doch dieses lustvolle Erleben darf kein Selbstzweck sein, sondern soll zur Erkenntnis Gottes führen. In Sure 5:83 des Koran heißt es über die Zuhörer einer Koranrezitation, dass *„ihre Augen von Tränen überfließen ob der Wahrheit, die sie erkannt haben."* Erkennen der Wahrheit kann ein Leben verändern. Wer solche Ergriffenheit erlebt hat, wird dies nicht vergessen. Aber passt diese Ergriffenheit von der Wahrheit zum Lachen? Oder wird Wahrheit nicht grundsätzlich vom Lachen in Frage gestellt?

LACHEN IM KORAN UND IN DEN HADITHEN

Was steht nun im Koran über das Lachen? Es finden sich widersprüchliche Aussagen. In Sure 23:110 heißt es: *„Doch ihr (die Ungläubigen) triebt euren Spott mit ihnen (den Gläubigen), bis es euch die Erinnerung an Mich vergessen ließ, während ihr sie verlachtet."* Wie eine drohende Mahnung zieht sich Lachen als Spott durch die Botschaft des Koran. Mehrfach wird erwähnt, dass vor dem Prophet Mohammed schon Moses und Jesus für ihren Glauben ausgelacht wurden. Ein Lachen über einen Mitmenschen bedeutet also, diesen lächerlich zu machen. Aber auch das Lachen über sich selbst kann für den gläubigen Muslim heißen, sich selbst die Würde zu nehmen.

Es findet sich eine weitere Stelle im Koran: In Sure 53:43 heißt es: *„Und daß Gott es ist, der Lachen und Weinen erschaffen hat."* Daraus ließe sich schließen, dass Lachen wie Weinen zur göttlichen Ausstattung des Menschen gehören. Dass in den Religionen viel geweint wird, ist bekannt; nimmt man diese Sure wörtlich, so darf aber genauso viel gelacht werden.

EIN SCHERZ DES PROPHETEN

Einmal kam ein Mann zum Propheten Mohammed und rief: „O Gesandter Gottes! Ich bin verloren. Ich habe im Ramadan meiner Frau beigewohnt." Der Prophet fragte: „Hast du einen Sklaven, den du freilassen könntest?" Er sprach: „Nein!" „Kannst du zwei Monate hintereinander fasten?" „Nein!" „Kannst du sechzig Arme speisen?" „Nein!" Der Prophet überlegte und sprach: „Dann nimm diese Datteln und gib sie als Almosen ei-

nem, der ärmer ist als du." „O Gesandter Gottes", antwortete der Mann,
„bei Gott, in ganz Mekka gibt es kein ärmeres Haus als das meine!" Da
lachte der Prophet, dass seine Weisheitszähne sichtbar wurden und sagte:
„So gib die Datteln eben deiner Frau!"[19]

Diese Geschichte wurde vom islamischen Gelehrten Al-Buchâri im
9. Jahrhundert nach einer mündlichen Überlieferung aufgeschrie-
ben. Und als sahîh, also authentisch, in die „Hadithe", die „Worte
und Taten des Propheten", aufgenommen. Bis heute gelten die
Sammlungen von Al-Buchâri dem frommen Muslim als Vorbild
für rechtmäßiges Handeln im Sinne Gottes und seines Gesandten.
Kein Zweifel, hier wird von Mohammeds Lachen berichtet. Als
Ausgleich für seine Verfehlungen soll der Sünder einem Ärmeren
Datteln schenken, doch dieser behauptet, er selbst sei der Ärmste,
also müsste er sich die Datteln selbst schenken. Ein Schlitzohr? Aus
einer Strafe würde eine Belohnung für den Mann. Doch der Prophet
lacht und entscheidet, den Mann ungestraft davon kommen zu lassen und der Frau etwas Gutes zu tun.

Ein bisschen Spott mag man dabei heraushören und trotzdem: Ein
Beispiel für mitfühlenden, wohlwollenden Humor? Ja, mehr noch,
hat der Prophet hier sogar über sich selbst gelacht? Darüber, dass
er zuerst eine Bestrafung fordert, diese aber in ein Geschenk um-
wandelt? Aber das Vergnügen, so mahnt der Prophet, darf nicht
allein Maßstab des Scherzens sein. Vielmehr soll das Lachen im
Dienst der Wahrheit geschehen. *„Wehe dem, der etwas erzählt, und*
dann lügt, um die Leute zum lachen zu bringen. Ich scherze und sage nur
die Wahrheit."[20] Da im Islam Wahrheit mit Gott gleichgesetzt wird,
steht also Lachen und Scherzen im Dienste der Barmherzigkeit

Gottes.

Allerdings hatte die Barmherzigkeit des Propheten ihre Grenzen gegenüber Andersgläubigen. So wird in der von allen Muslimen anerkannten Biografie von Ibn Ishaq[21] folgendes berichtet: Nach seinem Exil in Medina kehrte der Prophet nach Mekka zurück und nahm es kampflos ein, da sich die Bewohner zum Islam bekannten. Trotzdem ließ er einige Gegner töten. Darunter auch zwei Sklavinnen, die, so Ibn Ishaq, Spottlieder auf den Gesandten Gottes sangen. In der Biografie ist nicht näher beschrieben, ob die Sklavinnen getötet wurden, weil sie Spottlieder über den Propheten sangen oder weil sie die Sklavinnen eines Mannes waren, der dem Islam den Rücken kehrte und deshalb wegen des Vergehens der Apostasie, des Abfalls vom Glauben, hingerichtet wurde.

VON WEISHEITSZÄHNEN UND GAUMENZÄPFCHEN

Glaubt man also den Quellen von Al-Buchâri, so hat der Prophet innerhalb seiner Gemeinschaft gelacht. Doch wie laut hat der Prophet gelacht? So lustvoll, dass seine Weisheitszähne blitzten? Ein Lachen, durch das er sich vor Freude vor den Gläubigen im Staub wälzte? Nur schwer vorstellbar bei einem Gesandten Gottes. Eine mögliche Übersetzung von „Islam" lautet: „Friede durch die Hingabe unter den Willen Gottes." Und der Muslim ist der „sich Unterwerfende". Aus dieser Hingabe heraus verlangt der gläubige Muslim, dass ihm Respekt gezollt wird. Aber lustvolles Lachen und Respekt, kann dies eine heilige Allianz der Freude ergeben?

In den Hadithen tauchen unterschiedliche Quellen auf: *„Niemals habe* *ich den Gesandten Gottes lachen sehen, so dass man sein Gaumenzäpfchen sehen konnte. Er pflegte nur zu lächeln"*, so die Beobachtung von Âisha, der letzten Ehefrau des Propheten Mohammed.[22] Doch zur selben Zeit wird überliefert: *„Da lachte der Prophet, bis sich seine Weisheitszähne zeigten."*[23] Dies wiederum klingt nach heftigem Lachen. Dieser Widerspruch hat einigen islamischen Gelehrten schon im Mittelalter Kopfzerbrechen bereitet.

Um die Frage nach der Stärke des Lachens zu klären, wurde das Lachen des Propheten vermessen, welche Zähne man wohl gesehen habe: die Schneidezähne, die Backenzähne, die Weisheitszähne oder sogar das Gaumenzäpfchen? Der arabische Begriff Lachen „dahika" ist stark mit der Vorstellung aufleuchtender Zähne verbunden. So heißen die Vorderzähne „dawâhik", die Lachenden. Im Kontext von Mohammed wird sehr häufig von gesunden weißen Zähnen berichtet. Ein Resultat der Erfindung des Zahnhölzchens zur Reinigung der Zähne. Im Vergleich zum europäischen Mittelalter: Hier muß der Mundgeruch durch schlechte Zähne so stark gewesen sein, dass man das Lachen verbot und nur ein Lächeln zuließ.

Doch die zitierte Beobachtung von Âisha, der Ehefrau des Propheten ist laut dem Islamwissenschaftler Ludwig Ammann stark anzuzweifeln.[24] Vielmehr scheint es wahrscheinlich, dass dieser Satz Âisha untergeschoben wurde, um das Lachen bis zur Gegenwart zu reglementieren.

Wenn es aber am lustvollen Lachen und Scherzen des Propheten wenig Zweifel gibt, woher rührt dann die Skepsis? Hier hat Ludwig Ammann eine interessante Theorie: Durch die Begegnung mit christlichen Mönchen im Mittelalter sollen islamische Gelehrte Lachverbote übernommen haben. Al-Hasan al-Basri schrieb die Sätze: *„Das Lachen des Gläubigen ist eine Unaufmerksamkeit seines Herzens."*[25] Lachen verhindert laut Al-Hasan al-Basri die Erfahrungen der Demut und lässt das Herz verhärten. Das Lachen gilt sogar regelrecht als Ursache von Glaubens- und Wissensverlust.

Doch es lassen sich weitere Gründe vermuten: Manch ein muslimischer Gläubiger mag aufgrund seiner leistungsorientierten Hingabe an Gott übertriebenen Wert auf Würde und Respekt legen. Dieser heilige Ernst ist durch das Lachen potentiell gefährdet und droht ins Lächerliche umzukippen. Manche Muslime sehen ihre Autorität durch das Lachen gefährdet. Und so scheint es nicht zulässig, das Lachen des Propheten zu betrachten. Denn dadurch könnte der Prophet lächerlich gemacht werden und dies würde das Vergehen der Apostasie bedeuten, das bis heute in einigen islamischen Ländern mit der Todesstrafe geahndet wird. So kann das Lachen bis in die Gegenwart reglementiert werden.

HEILIGE NARREN: NASREDDIN HODSCHA

Natürlich gäbe es noch viel zu berichten über das Lachen im mittelalterlichen Arabien, wie z.B. über den Humor in den Geschichten von 1001 Nacht. Doch noch erwähnenswerter erscheint mir die Welt der „Heiligen Narren". Damit reisen wir nach Persien und Anatolien in die Welt der islamischen Mystik. Um Witze über bigotte Gläubige zu ermöglichen, greifen die Mystiker zu einem Trick: Sie legen die Worte in den Mund eines heiligen Narren. *Einmal sitzt ein Bektaschi mit der Gemeinde zusammen in der Moschee beim Beten.*

Er hört seinen Nachbarn beten: „Oh Gott, schenk mir mehr Glauben!"
Dann erhebt auch der Bektaschi seine Stimme: „Oh Gott, schenk mir eine
Flasche Schnaps!" Das ist den gläubigen Muslimen zu viel. Sie schreien
ihn an, ob er sich nicht schäme. Diesen Protest versteht der Bektaschi
nicht: „Mein Gott, worüber ärgert ihr euch. Jeder betet für das, was er
nicht hat."

„Heilige Narren" dürfen, was Normalsterblichen verwehrt bleibt:
Die moralischen Vorstellungen der Gläubigen auf den Kopf stellen. Wir wissen nicht genau, ob dieses Verrückt-Sein der Ausdruck
eines erleuchteten Wesens oder ein Fall für den Psychiater ist.
„Heilige Narren" werden gehasst und geliebt, aber sie bleiben immer Außenseiter. Sie faszinieren uns, denn instinktiv fühlen wir,
sie erweitern unsere Grenzen.

Die Bektaschi sind ein Sufiorden aus dem 13. Jahrhundert, gegründet
in Anatolien. Der berühmteste heilige Narr ist Mullah Nasreddin,
eine Art Till Eulenspiegel des Islam, populär und bekannt in allen islamischen Ländern. Ein historischer Nasreddin lebte vermutlich ebenfalls im 13. Jahrhundert in Persien oder Anatolien. Hinter
den Witzen lässt sich eine aufklärerische Absicht vermuten: Kein
Religionsführer hat Anspruch auf die Wahrheit, denn die Wahrheit
des Menschen bleibt im Gegensatz zur Wahrheit Gottes begrenzt.

Deshalb ist auch der Name einleuchtend: „Nasr ed" - „Sieg des
Glaubens". Mit Nasreddin als Protagonist sind seit Jahrhunderten
neue Witze entstanden. Nasreddin spottet im Sinne einer höheren,
göttlichen Wahrheit, insbesondere über die bigotten Männer des
Glaubens. Dass dies zu Spannungen führt, liegt auf der Hand. Die

islamische Mystik ist orthodoxen Muslimen verhasst, pflegt sie doch einen sehr liberalen Umgang mit den Pflichten des Fastens und des Alkoholverbots. Abr eigentlich ist diese Verspottung ganz im Sinne des Islam, wo jeder Mensch letztlich nur Gott verantwortlich ist und keinem religiösen Führer.

WORÜBER LACHEN MUSLIME HEUTE?

„Ein Glück, dass die Frauen in Afghanistan nicht Auto fahren durften. Die konnten ja sowieso nichts sehen!" In den westlichen Ländern hat sich eine neue Generation von muslimischen Comedians herausgebildet. In Großbritannien, Kanada und den USA haben Witze von Muslimen über Muslime Hochkonjunktur. Ganz vorne dabei sind weibliche Comedians, wie bereits erwähnt, Shazia Mirza. Sie bezeichnet sich als praktizierende Muslima, sagt, dass sie täglich bete, kein Schweinefleisch esse und nach Mekka pilgere. Interessanterweise scheint es mehr muslimische Komikerinnen als Komiker zu geben. Die Rolle der Frau im Islam ist schließlich eines der meist diskutiertesten Themen. Religion und kulturelle Tradition vermischen sich hier. In Ägypten kämpft die islamisch-feministische Gruppierung „Sisters in Islam" mit Humor und Selbstironie gegen den Fanatismus. Sie finden, dass Spott die effektivste Waffe gegen den selbstgefälligen Islamisten sei. In Köln tritt das türkische Putzfrauen-Kabarett „Büß-Kultür" auf mit dem Satz: *„Hör auf, dich durch die Klobrille zu sehen!"*

Für Shazia Mirza und andere Komikerinnen scheint es also kein Problem zu sein, als Muslima über die Auswüchse in ihrer Religion zu spotten. Damit könnten die Komikerinnen als eine neue Generation „Heiliger Narren" gesehen werden, die genau wie ihre Vorgänger ihr Lachen in den Dienst der Menschenwürde stellen. Doch hier wie dort bleibt ein Thema ausgespart: Über den Propheten Mohammed werden keine Witze gemacht.

Lachen als Vorbild?

Lachen wird also in den heiligen Texten des Islam zunächst mit Verlachen des Glaubens in Verbindung gebracht. Trotzdem finden sich sehr wohl Beispiele, die das Lachen positiv bewerten. Dem Koran zufolge hat Gott das Lachen erschaffen. Und nach den Hadithen von Al-Buchâri hat der Prophet gelacht, laut und lustvoll. Allerdings gilt, Lachen darf nicht verletzen und solle im Dienst der Wahrheit stehen. Diese Wahrheit wird bei den Sufis mit ihrem scharfen Witz bis zur Schmerzgrenze ausgelotet.

Könnte sich daraus vielleicht so etwas wie ein Vorbild des Lachens für den gläubigen Muslim ableiten lassen? Solange orthodoxe Gläubige und religiöse Führer das Lachen als Angriff auf ihre Würde fürchten, bleibt dies Utopie. Aber bemerkenswerter Weise ist der Islam eine Religion, die das Vorbild mitfühlenden Lachens und Scherzens als rechtes Handeln seinen Gläubigen empfehlen könnte.

WITZE IM ISLAM

„Die Nächstenliebe ist Teil des Islam", predigte Mohammed an einem Freitag der Gemeinde. „Keiner von euch ist wirklich gläubig, bevor er nicht seinem Glaubensbruder das wünscht, was er für sich selbst erhofft." Begeistert ging die Gemeinde darauf ein: „Was du uns wünschst, o Mohammed, das wünschen wir dir!" Am nächsten Freitag predigte Mohammed weiter: „Auch die Liebe zum Gesandten ist Teil des Glaubens. Bei dem, in dessen Hand ich mich befinde! Keiner von euch ist wirklich gläubig, bevor ich ihm nicht lieber bin als sein Vater und sein Sohn und alle Menschen miteinander." Und wieder ging die Gemeinde begeistert darauf ein: „Was du uns wünschst, das wünschen wir dir!"

Der große und ehrwürdige Sufi Mullah Nasreddin ritt einst auf seinem Esel durch Bagdad und galoppierte so schnell, wie das arme Tier ihn nur tragen konnte. Jederman geriet in Aufregung, das Volk stürzte auf die Straße, um herauszufinden, weshalb der Philosoph so in Eile war. „Was suchst du Mullah?" schrie jemand. „Ich suche meinen Esel!" antwortete Nasreddin.

Ein Bektaschi wurde gefragt: „Wie hast du's mit dem Ramadan gehalten?" Dieser antwortete lächelnd: „Wir haben dreißig Leute zusammengeholt und ihn an einem Tag erledigt."

Mullah Nasrudin wurde gedrängt, eine Predigt zu halten, gezwungenermaßen willigte er schließlich ein. Am Freitag, dem Feiertag der Moslems, stand Nasrudin auf der Kanzel in der Moschee, um seine Predigt zu halten. „Oh, liebe Gemeinde, wisst ihr, worüber ich euch heute erzählen werde?" „Wir haben keine Ahnung«, antworteten die Leute und sahen sich gegenseitig erstaunt an. „Nun, wenn ihr überhaupt keine Ahnung habt, werde ich von dem Versuch, einer so unwissenden Gemeinde zu predigen, Abstand nehmen." Mit dieser Bemerkung verließ Nasrudin die Kanzel und ging nach Hause. Man bat ihn, es doch noch einmal zu versuchen. Am darauf folgenden Freitag kehrte er auf die Kanzel zurück und fragte die Versammelten: „Oh, liebe Gemeinde, wisst ihr, worüber ich euch heute erzählen werde?" Einige Leute, die nicht wussten, wie sie reagieren sollten, da der Mullah sie herausfordernd anstarrte, sagten schließlich: „Ja, wir wissen es." „Wenn das so ist, dann brauche ich ja nichts mehr zu sagen", erwiderte Nasrudin und verließ die Moschee. Man bestürmte ihn, es noch ein letztes Mal zu versuchen. Am folgenden Freitag erschien er in der Moschee, bestieg die Kanzel und stellte wieder die Frage: „Oh, liebe Gemeinde, wisst ihr, worüber ich euch heute erzählen werde?" Die Versammelten hatten sich ihre Antwort schon im voraus ausgedacht. So rief die eine Hälfte der Anwesenden: „Wir wissen es", der andere Teil rief. „Nein, wir wissen es nicht." „In diesem Fall", sagte der Mullah schon im Gehen, „mögen diejenigen, die es wissen, es denen erzählen, die es nicht wissen."

Der Alevit Asik Ahmet aus Erzurum, unterhielt sich mit einem frommen Mann. Dieser warf dem Asik Ahmet vor, die religiösen Pflichten zu vernachlässigen und besonders ständig Raki zu trinken, deshalb wäre er für die Hölle bestimmt. Während sie sich so unterhielten, fragte der Asik den Hodscha: „Hodscha, wirst du, wenn du ins Paradies kommst, die angebotenen vierzig Huri, Paradiesjungfrauen, annehmen?" „Wenn Gott es so befiehlt, na-

türlich." „Nun, wie sieht es mit dem Glauben deiner Frau aus?"
„Gut, sie hält die fünf Gebetszeiten, fastet, gibt Almosen und im
letzten Jahr waren wir zusammen auf Pilgerfahrt." „Mit anderen
Worten: auch für sie sind die Pforten des Paradieses offen." „Das
weiß Gott allein." „Also, sagen wir, auch sie kommt ins Paradies."
„Inschallah, so Gott will!" „Nun, Gott wird ihr natürlich keine Huri
geben, sondern 40 Gilman." „Was ist das, Gilman?" „Das sind gut-
aussehende Jünglinge. So wie die Huri Schönheiten sind, so sind
auch die Gilman gutaussehend." Der fromme Mann wurde wütend: „Ungläubiger Kerl, Gott verfluche dich!" und machte sich auf,
davonzugehen. Asik Ahmet rief ihm nach: „Herr Hadschi, warum
ärgerst du dich? Sollen etwa die Mühen deiner Frau nutzlos gewesen sein? Natürlich wird auch sie ihre Belohnung dafür erhalten."

5.
WORÜBER LACHEN GÖTTER?
HOHN UND HEILIGKEIT IM HINDUISMUS

„Ich bin der lachende Eine!"
Shiva

„Ein Brahmane geht in ein Restaurant: Ich möchte heute mal etwas Neues probieren. Darauf der Kellner: Warum versuchen Sie es nicht mal mit Hirn?" Über die Priesterkaste der Brahmanen zu lachen hat im Hinduismus eine lange Tradition. Und auch die hinduistischen Götter lachen gerne, nicht nur freudig, sondern auch grausig und zornig. Doch darf der gläubige Hindu deshalb auch über die Götter lachen – oder ist dies Gotteslästerung? Welche Rolle spielen überhaupt Lachen und Humor im Hinduismus?

Das Verhältnis zwischen Menschen und Göttern ist im Hinduismus einzigartig. Götter sind einerseits Ausdruck des ewigen Weltgesetzes, andererseits erleben sie aber wie die Menschen auch Emotionen wie Liebe, Hass, Freude, Trauer und sexuelles Begehren. Die an diese Götter Glaubenden fühlen sich schon zu Lebzeiten mit dem göttlichen Schicksal verbunden, mit Unsterblichkeit und ewigem Glück. Welche Rolle spielt das Lachen im Verhältnis zwischen den Gläubigen und ihren Göttern? In der hinduistischen Gesellschaft existiert dafür ein aufgeladenes Spannungsfeld. Einerseits die Vermenschlichung der Götter, die lustvoll lachen, andererseits eine Gesellschaft, die von heiligen Ritualen und strengen Regeln geprägt ist. Kastenwesen, Opferrituale, Devotionalien regeln das gesellschaftliche Leben. Wie verträgt sich das miteinander? Darf in dieser Welt der Normen und Regeln auch gelacht werden? Bedeutet Lachen nicht Selbst-Ironie, Freiheit, ja sogar Anarchie?

HINDUISMUS

Was überhaupt bedeutet „Hinduismus"? Jedenfalls keine Religion, die sich auf einen Gründer beruft. Lassen sich in den anderen großen Religionen mit Abraham, Moses, Jesus, Mohammed und Buddha Religionsstifter ausmachen, deren Lachen und Humor auf der Basis der überlieferten Texte untersucht werden können, so existiert eine derartige Persönlichkeit im Hinduismus nicht. Der Hinduismus kennt keinen Religionsstifter und keinen festgelegten Kanon. Es handelt sich vielmehr um eine Verschmelzung vieler Traditionen, die sich über Jahrtausende entwickelt und gewandelt hat. Es gibt eine Vielzahl von Göttern und religiösen Richtungen, die in verschiedenen Epochen und Regionen praktiziert wurden und werden. Hierbei stehen verschiedene Hauptgottheiten im Mittelpunkt des Glaubens. Eines haben sie jedoch gemeinsam: Sie berufen sich alle auf die Autorität der Veden, (wörtlich „Wissen"), deren von den Göttern offenbarter Inhalt als ewige und heilige Wahrheit angesehen wird. Der Name Hinduismus ist ein Sammelbegriff, der im 18. Jahrhundert von der englischen Kolonialmacht erfunden wurde, um unterschiedliche Strömungen unter einen Hut zu bringen. Die indischen Gläubigen nennen ihre Religion „Sanatana dharma", das ewige Weltgesetz.

Die Wurzeln dieser Religion finden sich vor etwa viertausend Jahren bei einem Volk des Indus-Tales, das von den einwandernden Ariern besiegt wurde. Aus dieser Verbindung entwickelte sich die neue Kultur der Veden. Auf die Veden folgten in den folgenden Jahrhunderten eine Vielzahl von offenbarten Texten, Göttern und Ritualen. Aufgrund dieser vielfältigen Strömungen des Hinduismus ist es schwierig, von „dem Lachen" im Hinduismus zu sprechen. Um das Thema einzugrenzen, sollen deshalb drei Fragestellungen im Mittelpunkt stehen: Erstens: Lachen die Götter und wenn ja, worüber? Zweitens: Dürfen die Gläubigen über die Götter lachen? Und drittens: Wie lachen Gläubige über andere Gläubige und Nichtgläubige?

LACHEN IN DEN VEDEN

Beginnen wir mit den Natur-Göttern der Veden, aus denen sich die Götter Shiva, Kali, Ganesha und Krishna entwickelt haben. Versuchen wir, etwas Licht in dieses Dickicht zu bringen. Und dies kann wörtlich genommen werden, denn in den ältesten Texten, den vedischen Hymnen des Rig-Veda, wird Lachen mit Naturerscheinungen in Verbindung gebracht, die glänzen und Licht spenden.[26] So lachen das Morgenlicht, das Meer, der Himmel, das Feuer und die Blitze. Das Lachen drückt die poetische Beschreibung leuchtender Naturerscheinungen aus, der Glanz und die Schönheit des Lichtes. Das Morgenlicht, das Feuer und die Blitze lächeln und lachen in dem Augenblick, in dem sie erstrahlen. Dabei wird zwischen Lachen und Lächeln unterschieden. Dort, wo das Licht verknüpft ist mit Donner und Prasseln, wie beim Blitz und Feuer, lacht das Licht. Dort, wo es geräuschlos geschieht, wie bei der Morgenröte, lächelt es. Diesen Naturerscheinungen werden Gottheiten zugeordnet, wie etwa der strahlende Glanz der altindischen Göttin des Morgenlichtes, Usas. Ihr Lächeln wird mit dem freudigen Lächeln eines schönen jungen Mädchens verglichen. Lächeln und Lachen versprechen, dass die Dunkelheit überwunden wird, die Finsternis ein Ende hat, dafür Schönheit und Freude ein Antlitz haben. Licht und Lachen stehen hier für die Kraft, dunkle Dämonen zu besiegen.

SHIVA

Aus den Naturgottheiten der Veden entwickelten sich die anthropomorphen Gottheiten Vishnu, Brahma und Shiva. Shiva gilt als asketischer Außenseiter, als tanzender Gott, der alleine auf dem Himalaya residiert, die langen Haare hoch gebunden, mit Asche eingerieben. In seinen Händen hält er die Symbole Dreizack und Sanduhrtrommel. Um den Hals trägt er eine Kobraschlange, in der Mitte der Stirn ein drittes Auge, mit dem er alles zerstören kann. Er steht im ewigen kosmischen Spiel von Entstehen und Vergehen für die Zerstörung, ohne die aber nichts Neues entstehen kann. Seit dem 10. Jahrhundert wird Shiva immer wieder mit einem verzückt lachenden Gesicht in der typischen Pose des kosmischen Tänzers abgebildet. Als König des Tanzes zerstört er auf spielerische Art die Unwissenheit und erschafft das Universum wieder neu. Diese Schöpfungskraft wird auch mit seinem Symbol des Linga, einem stilisierten Phallus, dargestellt. Doch worüber lacht Shiva?

Darüber wird in den Puranas berichtet, Texte in Sanskrit, die Mythen, Heiligenlegenden, Wissenschaftliches und Historisches beinhalten. Sie entstehen ab dem 4. Jahrhundert unserer Zeitrechnung und bilden die wichtigste Quelle der noch heute verbreiteten hinduistischen Mythologie. Hier spricht Shiva: *„Wenn der zwanzigste Zyklus des Alters kommt, werde ich bekannt werden unter dem Namen Attahasa: Der lachende Eine."*[27] Ein mehrdeutiges Lachen: Zum einen als Ausdruck von Glückseligkeit und Freude beim göttlichen Tanz.

Zum anderen ein Lachen, das die Dämonen verlachen und vertreiben soll. Sozusagen eine Art furchtloses Kampfeslachen, das uns in der Tradition des Hinduismus noch öfter begegnen wird.

Kali

Auch Shivas Ehefrau, Parvati, die Weltmutter, lacht. Parvati taucht in verschiedenen Erscheinungsformen auf. Ihren grausigen Aspekt offenbart sie als die Göttin Kali, die Schwarze. Sie wird häufig mit zehn Armen abgebildet, trägt eine Halskette aus Totenschädeln, einen zerfledderten Rock, und manchmal hängt ein totes Kind an ihrem Ohr. Die Puranas beschreiben eine Kali, deren Zähne ein zorniges Lachen zeigen. Kali lacht, während sie im Tanz wirbelt, dabei tropfen die Münder der Schädel, die um ihren Hals hängen – ein wildes, stolzes Gelächter. Ähnlich wie bei ihrem Gatten Shiva drückt auch dieses Lachen die Kraft der Transformation aus. Kali ist die Mutter, die das Leben gibt und auch wieder nimmt. Alles vergeht und entsteht immer wieder neu. Das ewige Gesetz des Dharma.

Krishna

Krishna, „Der Dunkle", ab dem 5. Jahrhundert verehrt, ist ein ganz besonderer Gott, wird er doch zugleich als Mensch gesehen. Er ist der Held des längsten Epos der Menschheitsgeschichte, des Mahabharata mit der darin enthaltenen Bhagavadgita, dem heute populärsten Buch des Hinduismus. Keine Frage, Krishna lacht. Aber was ist das für ein Lachen? Unterschiedliche Formen von Lachen beschreiben bei Krishna verschiedene Lebensabschnitte. So berichten die Puranas davon, dass Krishna als Baby und Kleinkind oft zu Streichen aufgelegt war. Freudig kreischend hängt er sich an den Schwanz eines Kalbes und lässt sich über die Wiese ziehen, stiehlt den Hirtinnen Milch und Quark und teilt sie mit den Affen des Waldes. Seiner Mutter zerschlägt er das Butterfass und stiehlt ihr die süße Butter. Doch diese Streiche nehmen die Gläubigen Krishna nicht übel, im Gegenteil, man verehrt ihn deshalb als Kind, das noch tun darf, was es will. Und so wird Krishna häufig mit lachenden weißstrahlenden Baby-Zähnen dargestellt.

Doch auch Krishna wächst zum Jüngling heran und seine Streiche bekommen nun eine erotische Komponente: Als Krishna an einem See Hirtinnen beobachtet, die sich mit Wasserspielen vergnügen, stiehlt er ihre Saris und klettert mit dem Bündel auf einen Baum. Als die nackten Mädchen völlig verdutzt nach ihren Kleidern suchen, verkündet der lachende Krishna, er werde die Gewänder nur dann zurückgeben, wenn eine nach der anderen nackt vor ihn tritt, um sich ihr Kleid abzuholen. Notgedrungen mussten die Mädchen seine Blicke auf sich nehmen. Das freudige Lachen des Kindes wird hier zu einer spielerischen, aber auch Macht demonstrierenden Schadenfreude, für die Hirtinnen sicherlich nicht angenehm.

Und noch einmal verändert sich Krishnas Lachen in der Bhagavadgita. Aus dem Lachen des Jünglings wird bei dem erwachsenen Krishna ein Lachen um Leben und Tod. Die Bhagavadgita erzählt von der Freundschaft zwischen Krishna und dem Königssohn Arjuna, der in den Krieg zieht, um das feindliche Heer zu besiegen. Doch als Arjuna zu Beginn der Schlacht zweifelt, ob er das Richtige tut, wird er von Krishna für sein Zaudern ausgelacht. Arjuna will dies nicht auf sich sitzen lassen und beginnt den Kampf, bei dem viele tausende Krieger sterben. Kein historischer Kampf, sondern eine Allegorie auf den Kampf gegen die eigenen Begierden. Mit diesem Auslachen provoziert Krishna zum Kampf und verhilft Arjuna zu der Einsicht, dass Moksha, die Befreiung, nur durch die völlige Hingabe an das Göttliche zu erreichen ist. Hingabe, Bhakti-Yoga, ist die zentrale Botschaft der Bhagavagita.

LACHEN ÜBER DIE GÖTTER?

Es wird also vielfältig gelacht im indischen Pantheon. In den Veden wird Lachen mit Licht und Donner gleichgesetzt. Shiva und Kali zeigen ein kraftvolles Lachen der Transformation. Krishna treibt mit den Menschen seine Späße und verhilft ihnen durch provozierendes Lachen zur Erkenntnis. Nun stellt sich die Frage, ob Lachen ein Privileg der Götter ist. Oder dürfen die Gläubigen im von Hierarchien und Ritualen geprägten Indien auch mit ihren Göttern lachen? Oder sogar über sie? Und wenn, über wen und wie intensiv?

Lachen ist bekanntlich nicht gleich Lachen. Das bedeutende Lehrbuch der Dramaturgie des Bharata aus dem 5. Jahrhundert unterteilt das Lachen in drei Arten, die mit drei Klassen von Menschen in Verbindung gebracht werden. Das beherrschte Lächeln ist für feine und adlige Leute, das mittelmäßige Gelächter passt zu mittelmäßigen und gewöhnlichen Leuten, wildes Gelächter ist für vulgäre, schlecht erzogene Menschen und schlechte Charaktere. Damit sind Grundzüge der indischen Beurteilung des Lachens genannt: Das Lächeln gilt als fein und vornehm, das laute Lachen, bei dem

74

die Zähne gezeigt werden, jedoch ist unerwünscht. Vornehme Charaktere sind dazu fähig, ihre Emotionen zu kontrollieren. Das gemeine Volk jedoch, so heißt es, sei dazu nicht in der Lage.

KOMISCHE GÖTTER

Betrachten wir noch einmal Shiva und Krishna: Dass die indischen Götter menschlich sind, macht sie zugänglicher und birgt viele Möglichkeiten für komische Situationen. Selbst die Gläubigen durften über sie lachen, jedenfalls vor 1500 Jahren, als die Puranas entstanden. Shiva ist ein paradoxer Gott: Er ist sowohl Asket wie auch Frauenverführer, weiblich und männlich, verehrt mit dem Symbol des Phallus. Und so machen die Puranas nicht halt davor, sich über diesen Widerspruch von Shiva lustig zu machen. So wird berichtet, dass Shiva von Priestern im Wald kastriert wurde, weil er ihre Frauen verführt hat. In einer anderen Purana hingegen heißt es, dass Shivas Penis beim Tanz erigierte, worauf die Brahmanen diesen in Ehrfurcht anbeteten. Ein kastrierter Gott mit erigierten Penis, der verheiratet ist, gleichzeitig aber enthaltsam auf dem Berg der Götter wohnt, über diese Widersprüche amüsierten sich vor vielen Jahrhunderten die Autoren der Puranas. Wäre dies auch heute noch erlaubt?

GANESHA

Eine Gottheit scheint im Hinduismus auf größtes Amüsement zu stoßen: Ganesha, der Gott mit dem Elefantenkopf. Im Gegensatz zu seinem asketischen Vater Shiva ist der liebenswerte Ganesha rund, verfressen und zu Späßen aufgelegt. Dieser Widerspruch zwischen der Vorstellung von einem erhabenen und ätherischen Gott und einem korpulenten, tollpatschigen Körper verlockt zum Lachen. Ganesha wird angebetet, wenn die Gläubigen Glück für ihre Vorhaben suchen. Er verkörpert Weisheit und Intelligenz, aber auch Genuss. Wenn ein gläubiger Hindu in eine neue Wohnung zieht, so errichtet er als erstes einen Tempel mit der Statue des Ganesha. Meistens wird Ganesha dargestellt als eine Mischung aus Mensch und Elefant, mit nur einem Stoßzahn, auf einer Lotusblüte sitzend. Bei ihm ist immer sein Reittier, eine Maus, die seine Intelligenz symbolisiert. Seine vier Arme sind ein Zeichen von überlegener Macht, in einer Hand hält er oft eine Schale mit Süßigkeiten. Ein tollpatschiger Elefantenmensch mit vier Armen, der auf einer Maus reitet und dabei Süßigkeiten balanciert: Ausdruck von Komik und Humor.

In den Puranas finden sich unzählige Legenden über Ganesha. Seinen Elefantenkopf bekam er, weil ihm sein Vater Shiva versehentlich den Menschenkopf abschlug: Als Shiva mal wieder viele Millionen Jahre im Himalaja meditierte, erschuf sich seine Ehefrau Parvati einen Sohn, der sie bewachen sollte – Ganesha. Als Shiva zu Parvati zurück kam, stellte sich Ganesha ihm in den Weg, denn er wusste nicht, dass Shiva der Ehemann seiner Mutter ist. Daraufhin war Shiva so erbost, dass er Ganesha den Kopf abschlug. Parvati, außer sich vor Trauer, verlangte von Shiva, Ganesha wieder zum Leben zu erwecken. Shiva versprach dies, indem er ihn mit dem Kopf des ersten vorbeikommenden Lebewesens ausstatten würde: Es war ein Elefant.

Eine andere Legende berichtet, dass Ganesha einmal ein großes

Festmahl besuchte, sich dort mit süßen Kugeln den Bauch voll schlug und dann befriedigt auf seiner Maus nachhause ritt. Doch die Maus erschrak vor einer Schlange, Ganesha fiel herunter, und sein dicker Bauch platzte, so dass die Zuckerkugeln herausfielen. Als der Mond dies sah, brach er in schallendes Gelächter aus. Ganesha jedoch fand das nicht lustig. Er band sich die Schlange um die Hüfte und hielt damit seinen Bauch zusammen. Dann schleuderte er einen seiner Stoßzähne in Richtung Mond und befal, dieser solle nie wieder scheinen. Doch ohne den Mond gab es keine Gezeiten und keine romantischen Abende. So baten die anderen Götter Ganesha um Erbarmen. Ganesha hatte ein Einsehen, bestand aber darauf, dass der Mond nicht mehr das ganze Jahr in einem vollen Rund zu sehen sein sollte, sondern er sollte zu- und abnehmen. Eine volkstümliche Variation dieser Purana lautet, dass nicht nur der Mond gelacht habe, sondern auch die Sonne und einige Götter. Diese lachen noch immer und so sei durch Ganesha das Lachen aus Schadenfreude in die Welt gekommen.

KAMPF DEN GOTTESLÄSTERERN

Über diese Geschichte von Ganesha amüsieren sich Hindus seit Jahrhunderten. Das Lachen über die Götter stellt also nur auf den ersten Blick eine widersprüchliche Kombination aus Nähe – da die Götter menschlich vertraut sind – und ehrfürchtig distanzierter Anbetung dar. Doch die Gläubigen erheben sich mit ihrem Lachen nicht über Shiva, Ganesha und Krishna, sondern lachen nur über einzelne komische Eigenschaften. Dies lässt sich durchaus kombinieren mit anderen Eigenschaften dieser Götter, die als heilig betrachtet und aufs Tiefste verehrt werden.

Doch es gibt Gläubige, die nicht so tolerant sind und zu der Erkenntnis gelangen, dass ein Gott nur in seiner Gesamtheit betrachtet werden darf. Damit sind die Grenzen des Humors schnell erreicht. Beispielsweise anlässlich einer Theateraufführung in Mumbai. Im Jahr 2005 wurde in einem Theater aus der englischen Kolonialzeit ein Stück gespielt, indem die Göttin Rakhumai auf recht ungewöhnliche Weise dargestellt wird: Nachdem sie aus einem Tempel kommt, in dem ihr Gefährte Vitthala und sie selber verehrt werden, verkündet sie, dass sie keine Lust mehr habe, immer an einem Ort zu stehen und angebetet zu werden. Sie wolle lieber raus nach Juhu Beach fahren, einem Luxusstrand vor den Toren Mumbais. Die wenigen Zuschauer im Theater waren amüsiert. Doch vor dem Theater versammelten sich weitaus mehr Menschen, Mitglieder verschiedener hinduistischer Organisationen, die gegen eine solche Herabwürdigung ihrer Gottheiten protestierten. Auf der Internetseite der Organisation „Hindu Janajagruti Samiti" wird, neben dem Kampf gegen pakistanische Terroristen, auch zum Protest gegen dieses satirische Stück „Deva Kari Love" von Rhushikesh Ghosalkar aufgerufen. So wurde erreicht, dass das Stück abgesetzt wurde. Dabei kann sich der Autor auf eine lange Tradition berufen: Die klassische indische Literatur beinhaltet seit Jahrhunderten eine Vielzahl an Theaterstücken komödiantischer Natur, in denen auch die Götter aufs Korn genommen werden.

Auch der von vielen als humorvoll wahrgenommenen „Verweltlichung" von Gottheiten, wie beispielsweise bei der Frankfurter Buchmesse 2006, wurde durch Protest dieser Organisation ein Ende gesetzt. Ganesha wird hier in einer bunten

Zeichnung dargestellt, wie er – anstelle eines Beiles im Original – einen Laptop in einer seiner Hände hält. Götter haben, so wird argumentiert, bestimmte Schwingungen, die an eine Symbolik gekoppelt seien. Zerstört man die tiefe Bedeutung der Symbole und ersetzt sie durch profane Alltagsgegenstände, mache man sie lächerlich und diese wichtige Schwingung werde gestört.

LACHEN IM KAMPF

Nachdem wir nun das Lachen der Götter und das Lachen über die Götter untersucht haben, stellt sich die Frage, wie lachen Gläubige über andere (Nicht-)Gläubige? Wie wir festgestellt haben, kann das Lachen der Götter eine Demonstration von Kraft und Zorn sein. Eine sehr interessante Variante findet sich im Umgang der Gläubigen untereinander. Lachen als Drohgebärde ist ein bewährtes Mittel in kriegerischen Auseinandersetzungen und hat in der indischen Literatur eine lange Tradition. Für die Mitglieder einer Gesellschaft, die sehr darauf bedacht ist, das Gesicht zu wahren, Stolz zu demonstrieren und Respekt einzufordern, kann spottendes Verlachen zu einer schmerzhaften Kränkung des Gegners führen. Und so wird Lachen auch als ritualisiertes Säbelrasseln vor dem Kampf eingesetzt. Im Epos Mahabharata wird es häufig im Zusammenhang mit kriegerischen Aggressionen beschrieben. Das Lachen gehört zu einem festen Ritual der Droh- und Spottgebärden. Der Gegner wird lächerlich gemacht, indem ihm falsches Verständnis des Dharma vorgeworfen wird, dem ewigen Weltgesetz. Ist der Gegner bis auf's Blut gereizt, folgt der Kampf auf dem Schlachtfeld, bei dem, so berichtet das Mahabharata, tausende Krieger fallen.

Lachen über Brahmanen

Ein populärer Witz in Indien ist dieser: *„Woran erkennt man, dass ein Brahmane in ein Haus eingebrochen ist? – Der Mülleimer ist leer gegessen, und der Hund ist schwanger."* Insbesondere das deftige Lachen über die Mitglieder der höchsten Kaste, der Brahmanen, wird leidenschaftlich gepflegt. Ursprünglich waren die Brahmanen Priester und Gelehrte. Heute üben sie viele Berufe aus, doch Priester stammen noch immer in erster Linie aus dieser Kaste. Als Ansprechpartner und Mittler zwischen Menschen und Göttern beanspruchten sie eine besondere Autorität. Doch Auszeichnung bedeutet auch Last, wird doch von ihnen, so beschreibt es das Mahabharata, eine Menge erwartet: *„Heiterkeit, Selbstbeherrschung, Askese, Reinheit, Nachsicht und Aufrichtigkeit, Weisheit, Wissen und religiöser Glaube."*

Dass dies zu Arroganz führen kann, weiß das Mahabharata zu berichten. So machte man sich schon damals über deren Besserwisserei lustig und verlachte die Brahmanen gerade um ihrer Tugenden willen: Sie seien häufig so von der Kraft ihrer Askese erfüllt, dass sie ihren ehelichen Pflichten nicht mehr nachkommen würden. Doch auch unheiliges Verhalten wurde verspottet, wie etwa heimliche Besuche der Brahmanen im Bordell. Eine der berühmtesten Witzesammlungen des indischen Kontinents: „Khushwant Sing's Joke book", in denen Khushwant Singh die Lieblingswitze von Lesern gesammelt hat, sind Hunderte Brahmanen-Witze nachzulesen. *Ein Brahmane kommt zu einem Metzger, zeigt auf das Rindfleisch und sagt: „Ich möchte diesen Fisch hier." „Aber das ist Rindfleisch", antwortet der Metzger. Darauf der Brahmane: „Ist mir egal, wie der Fisch heißt, gib ihn mir einfach".* (Brahmanen dürfen Fisch essen, jedoch kein Fleisch und schon gar kein Rindfleisch.)

BIRBAL

Doch Brahmanen werden nicht nur verlacht. Eine Brahmanenfigur ist ein ganz besonderer Held und wird als humorvoller, weiser Held verehrt: Birbal, der im 16. Jahrhundert lebte und einer Brahmanenfamilie entstammt. Er war zugleich Dichter und kam an den Hof des muslimischen Königs Akbar, der von Birbals Gewitztheit beeindruckt war. Aus dem Hindu und dem Muslim wurden Freunde. Von ihnen sind unzählige Geschichten überliefert, die bis heute in Indien äußerst populär sind. Dabei nimmt Birbal einerseits die Funktion eines unkonventionellen Brahmanen, andererseits die eines weisen Narren ein, der es immer wieder schafft, den König zu beeindrucken. *„Einmal wurde Birbal von König Akbar gefragt: „Was ist der Unterschied zwischen Wahrheit und Lüge?" „Zehn Zentimeter, Majestät", antwortet Birbal prompt. „Warum?" fragte Akbar erstaunt. Birbal: „Wir hören mit unseren Ohren und sehen mit den Augen. Der Abstand zwischen dem Auge und dem Ohr beträgt zehn Zentimeter. Deshalb ist der Unterschied zwischen Wahrheit und Lüge zehn Zentimeter." Akbar lachte und sagte: „Das ist wahr!"*

Im Gegensatz zu buddhistischen Traditionen wie dem Zen-Buddhismus, bei dem das Ich als Illusion betrachtet wird, und deshalb das Lachen als Selbst-Ironie praktiziert wird, sind in der Tradition der Veden und des Hinduismus dem Lachen Grenzen gesteckt. Lachen über sich selbst scheint weder bei Menschen noch bei Göttern verbreitet zu sein. In diesem Spannungsfeld zwischen Regeln und Freiheit bahnt sich das Lachen seinen Weg. Oft beschwerlich, doch aufzuhalten wird es kaum sein, denn schließlich kommt es von den Göttern, und die haben doch die Welt erschaffen – inklusive dem Lachen!

Osho

Auch Osho bezog sich auf Birbal, sah sich der indische Guru Bhagwan (wörtl.: Gesegneter) Shree Rajneesh, später Osho genannt, doch als Vertreter der weisen Narren. *„Ein Mensch, der nicht lachen kann, ist krank und ungesund. Wenn du wirklich lachst, also nicht nur aus Höflichkeit, sondern wenn dein Lachen wirklich aus dem Herzen kommt, dann beschert es dir einen Geschmack von Meditation."*[28] Osho zeichnete sich dadurch aus, dass er Menschen immer wieder vor den Kopf stieß, um sie auf festgefahrene Überzeugungen hinzuweisen. In seinen Vorträgen verwendete er regelmäßig zum Teil recht gewagte Witze, dessen Protagonisten häufig Birbal oder der Sufi-Narr Nasreddin Hodscha waren.

Humor bedeutete für ihn, der Welt einen Spiegel vorzuhalten. Und so wollte er sich nach eigenen Aussagen mit seinen 93 Rolls Royce über den westlichen Materialismus lustig machen. Lachen war für Osho der allerhöchste spirituelle Wert. Ernsthaftigkeit hielt er für eine Krankheit. Er selbst sagt über sich, dass der Hinduismus für ihn auch nur ein Konzept unter vielen sei, trotzdem sehe er seine Wurzeln in der Tradition der Veden. Er konzipierte den Workshop „Mystic Rose", bei dem die erste Woche ohne Witze als Übung nur gelacht wird, die zweite nur geweint, die dritte nur geschwiegen. Lachen und Humor hatten für ihn also zwei Hauptfunktionen: Zum einen das Lachen als Ausdruck der Freude über das Göttliche. Zum anderen der spottende Humor, um Dogmen infrage zu stellen. Doch hatte er im Westen mehr Anhänger als in Indien, vielleicht auch deshalb, weil das Närrische, der provokante und oft schmerzhafte Versuch, den Menschen einen Spiegel vorzuhalten, in der indischen Kultur auf wenig Verständnis stößt.

LACH-YOGA

Oshos Idee der „Mystic Rose", einfach ohne Anlass zu lachen, als befreiende Übung, entwickelte sich nach dessen Tod weiter. Ein Park in Mumbai in den frühen Morgenstunden: Etwa 60 Menschen recken ihre Arme zum Himmel und schütteln sich vor Lachen. Auf der großen Grünfläche stehen Frauen und Männer nebeneinander, jung und alt, bunt gekleidet, mit leuchtenden Saris, im Businessdress oder Turban, Menschen verschiedener Konfessionen und sozialer Hintergründe, und rennen wie aufgescheuchte Hühner lachend über das taufrische Gras. Hier in Mumbai wurde Mitte der Neunziger Jahre von dem Arzt Dr. Madan Kataria eine Methode entwickelt, die sich mittlerweile auf dem ganzen Subkontinent ausgedehnt hat: Hasya-Yoga, Lach-Yoga, von „Hasya": „Lachen". Millionen von Menschen sollen davon mittlerweile in Indien begeistert sein. Und gelacht wird nicht nur in Parks, sondern beispielsweise auch in Fabriken, Schulen, Polizeistationen und seit neuestem auch in Gefängnissen. Dabei wird das Lachen wie eine Atem-Übung aus der Tradition des Yoga praktiziert und damit Körper und Geist belebt und entspannt.

Hasya-Yoga sieht sich als eine Weiterentwicklung aus dem Pranayama-Yoga, dem Yoga mit den Regeln zur Lenkung des Atems. Yoga als philosophische Lehre und praktische Übung hat im Hinduismus eine lange Tradition. Durch das Lachen werden verschiedene Atemtechniken automatisch praktiziert. Da dafür kein Auslöser benötigt wird, also keine komische Situation oder Witz, wird die Methode „Lachen ohne Grund" oder: „fake it until you make it" genannt. Also auf Befehl lachen, bis Freude entsteht. Diese Methode findet vermutlich deshalb viele Anhänger, weil dieses Lachen unverfänglich ist, vom Spott entfernt und nur Lebensfreude ausdrücken will. Gerade im multireligiösen, von vielen Konflikten heimgesuchten Indien können so Menschen verschiedener Konfessionen und Schichten gemeinsam das Lachen genießen. Hindus, Sikhs, Muslime, Christen, Buddhisten, Jains und Ungläubige dürfen dabei gemeinsam ablachen.

FAZIT

Wie wir gesehen haben, gibt es unterschiedlichste Facetten des Lachens in den hinduistischen Strömungen: Vom Lachen als Lichterglanz in der Natur, über das kraftvolle Lachen der Götter, das Lachen im Kampf, dem spottenden Lachen bis zur Lachmeditation. Im Vergleich zu anderen Religionen ist dabei das Besondere, dass auch die Götter lachen. Vor Freude, aber auch auf grausige Weise als Ausdruck von Kraft und Zorn. Bei den Kriegern des Mahabharata wird Lachen zur ritualisierten Drohgebärde, mit dem der Gegner erniedrigt und verspottet wird. Dementsprechend wird das Lachen von den Gläubigen sehr häufig mit Auslachen und Spott in Verbindung gebracht. Doch hat dieses Lachen eine äußerst wichtige Ventilfunktion, beispielsweise wenn über die höchste Kaste der Brahmanen gelacht werden darf und damit ein gewisser Ausgleich in der hierarchischen indischen Kultur stattfindet. Zum anderen aber wird das Lachen heute energisch sanktioniert, wenn Gläubige befürchten, dass damit Götter in ihrer Gesamtheit lächerlich gemacht werden. Lieber wird dem vornehmen Lächeln der Vorzug gegeben. Zähne zeigen ist unerwünscht. Eine Ausnahme stellt das Lach-Yoga dar, ein Lachen ohne Grund, das sich über niemanden erhebt, höchstens ein bisschen über sich selbst. Im Gegensatz zu buddhistischen Traditionen wie dem Zen-Buddhismus, bei dem das Ich als Illusion betrachtet wird, und deshalb das Lachen als Selbst-Ironie praktiziert wird, sind in der Tradition der Veden und des Hinduismus Grenzen gesteckt. Lachen über sich selbst scheint weder bei Menschen noch bei Göttern verbreitet zu sein. In diesem Spannungsfeld zwischen Regeln und Freiheit bahnt sich das Lachen seinen Weg. Oft beschwerlich, doch aufzuhalten wird es nur schwer sein: Denn schließlich kommt es von den Göttern und die haben die Welt erschaffen: Inklusive dem Lachen!

WITZE IM HINDUISMUS

Eines Tages bei Hof unterhielt sich der Mogulkaiser Akbar mit seinen Höflingen. Doch Birbal verstieß gegen etwas, worin Akbar unnachgiebig war. Er gab Birbal auf der Stelle eine Ohrfeige. Birbal zögerte nicht eine Sekunde und gab sofort dem Mann, der auf der anderen Seite neben ihm stand, eine Ohrfeige. Der andere war schockiert, und Akbar war ebenfalls schockiert. Er hatte gedacht, Birbal sei ein weiser Mann. „Ist er verrückt geworden?" Der andere Mann stand ganz verdattert da, und Birbal sagte zu ihm: „Steh hier nicht wie ein Narr. Gib´s einfach weiter!" Da schlug der Mann jemand anderen, der neben ihm stand - und jetzt war das Spiel klar: Man musste es weitergeben! In der Nacht, als Akbar mit seiner Frau schlafen ging, gab ihm die Frau eine Ohrfeige. Er fragte sie: „Was ist los?" Sie sagte: „Es ist durch die ganze Stadt gegangen und schließlich ist es zum Ausgangspunkt zurückgekehrt." Am nächsten Tag sagte Birbal zu Akbar: „Ich war mir völlig sicher: Du konntest der Ohrfeige nicht entgehen. Sie musste zwangsläufig zu dir zurückkommen."

Der Brahmane Birbal war so weise, dass König Akbar unbedingt auch Brahmane werden wollte. Birbal versuchte ihn zu überzeugen, dass es für ihn gut genug sei, ein guter Mensch zu sein. Aber Akbar blieb hartnäckig. Birbal gab also vor, einen Heiligen zu kennen, der Akbar zu einem Brahmanen machen würde. Birbal begleitete Akbar entlang eines Flusses, wo sie einem Mann begegneten, der einen Esel bürstete. Der Mann erklärte: „Ich verwandle meinen Esel in ein Pferd. Ein Heiliger sagte mir, dass, wenn ich an einem Fluss stehe und meinen Esel bürste, dieser sich in ein Pferd verwandelt." Da lachte Akbar ihn aus: „Das funktioniert nie!" Als auch Birbal lachte, erkannte Akbar, dass er an der Nase herumgeführt wurde.

Ein Brahmane, zugleich ein religiöser Gelehrter, dessen Augen schlecht geworden waren, ging zu einem Optiker. Auf der Tafel erkannte er die Zahlen und Buchstaben überhaupt nicht. „Brahmane, du kannst nicht mehr scharf sehen", sagte der Optiker. „Aber keine Angst, nachdem du diese Brille aufgesetzt hat, kannst du alles klar und deutlich lesen." Der Brahmane fragte: „Ich werde alles lesen können?" „Natürlich", antwortete der Optiker. Der Brahmane lachte glücklich und rief: „Das ist ja wunderbar, weil ich bisher ein Analphabet war."

Drei Männer stranden auf einer einsamen Insel. Ein Ghati (ein armer Bewohner aus der Gegend von Maharashtra), ein Tamile aus Madras und ein Brahmane. Eines Tages finden sie eine Flasche, aus der beim Öffnen ein Geist entweicht. „Ich danke euch, dass ihr mich nach tausend Jahren befreit habt. Nun erfülle ich jedem von euch einen einzigen Wunsch." Der Ghati: „Ich möchte als Bollywood-Filmschauspieler in einem fürstlichen Haus wohnen." Und schon findet sich der Ghati als Filmschauspieler in einem Palast. Der Tamile: „Ich möchte zu meiner Familie nach Madras zurückkehren." Und schon ist er wieder zuhause in Madras. Daraufhin sagt der Brahmane: „Irgendwie fühle ich mich jetzt ein bisschen allein, deshalb wünsche ich mir, dass meine zwei Freunde zurückkommen."

Ein Mann kommt in ein Restaurant und ruft: „Leute, wollt ihr den neuesten Brahmanen-Witz hören?" Der Angestellte an der Bar antwortet: „Bevor du deinen Witz erzählst, sollte ich dir vielleicht sagen, dass ich ein Brahmane bin, mein Bekannter da drüben ist ein Brahmane, das Paar dort ist Brahmane, der Polizist hier ist Brahmane, mein Chef ist Brahmane, und die zwei Hunde draußen sind auch Brahmanen. Möchtest du den Witz immer noch erzählen?" Der Mann überlegt und sagt: „Na gut, statt ihn zehnmal zu erklären, ist es wohl besser, ich vergesse ihn."

Habt ihr von dem Brahmanen gehört, der auf See bestattet werden möchte?

Frage: Warum sollte man Brahmanen keine Kaffeepause erlauben?
Antwort: Weil es so lange dauert, sie wieder auszubilden.

6.
WORÜBER LACHT BUDDHA?
HUMOR ALS ZEICHEN VON VERBLÖDUNG
ODER ERLEUCHTUNG?

„Was schenken sich Zen-Buddhisten zum Geburtstag?"
– „Nichts!"

Die buddhistische Lehre von irreführenden Illusionen und allgegenwär-
tiger Leerheit birgt viel humoristisches Potential. Buddha jedoch äußert
sich skeptisch über das Lachen. Stimmt er hier mit Sigmund Freud über-
ein, der das Lachen als psychopathologische Regression diagnostizierte?
Was ist dem Buddhisten also das Lachen? Zeichen der Erleuchtung oder
Ausdruck von Verblödung?

Wir lachen über Widersprüche, stellte der französische Philosoph
Henri Bergson fest, unter denen wir nicht leiden, aber die von unserem Denken nicht in einen befriedigenden Einklang gebracht
werden können. Die Reaktion darauf kann ein Lach-Anfall sein.
Von einem grundlegenden Widerspruch weiß der Buddhismus zu
berichten: Der Mensch treibt in einer Blase der Illusion, die immer
wieder am messerscharfen Gegensatz zur Wirklichkeit zerplatzt.
Zum Beispiel, dass wir immer wieder gerne darauf hereinfallen,
Liebgewordenes, aber auch Schmerzvolles, für beständig zu halten
– wo es doch in Wahrheit vergänglich ist. In diesem Widerspruch
zwischen Illusion und Wirklichkeit liegt einer der Ursprünge des
Leids der Wesen, aber, wie bei jedem „Missverständnis", auch viel
Potential für Humor und entlarvendes Gelächter. Wie gehen die
Buddhisten mit diesem Widerspruch um?

„WAHNSINNIGES" LACHEN

Ob Buddha auch mal gelacht hat, scheint eine absurde Frage
zu sein. Natürlich muss er gelacht haben, schließlich wird im

Buddhismus gerne gescherzt, wie der Profi-Lacher Dalai Lama beweist. Umso größer ist die Überraschung, wenn man die Schriften des Hinayana-Buddhismus studiert: „Als Geheul, ihr Mönche, gilt in der Ordenszucht des Heiligen das Singen, als Wahnsinn das Tanzen, als kindisch das unpassende Lachen mit aufgerissenem Munde."[29] An anderer Stelle erklärte Buddha seinen Mönchen und Nonnen: „Die Menschheit lacht in Wahnes Lust, Vollendete sind frei von Wahn." Die Menschheit kichert also lustvoll im Wahn der Ich-Illusion, der Täuschung, es existiere ein eigenständiges Ich. So jedenfalls präsentiert sich die Quellenlage im Pali-Kanon des Theravada-Buddhismus, der heute u.a. in Sri Lanka und Thailand praktiziert wird.

Im Pali-Kanon findet sich keine Stelle, in der von einem Lachen Buddhas berichtet wird. Buddha legte vor der versammelten Mönchsgemeinde seine Überzeugung dar, dass das buddhistische Mönchsideal frei von Begierden, frei von Hass, frei von Verblendung sei. Dieses Ideal eines innerlich wie äußerlich disziplinierten Menschen schließt körperliche Erregung aus, und so neben Sex, Alkohol, Tanz, Schauspiel und Drogen auch das übermäßige Lachen. Die Erleuchtung im Theravada-Buddhismus ist etwas, das man sich, wie der Meister selbst, durch Erkenntnis und Übungen über Tausende von Inkarnationen, insbesondere in der Meditation, hart erarbeiten muss und sich nicht über einen Witz herbeilachen kann. Jegliches Anhaften an der Sinnenwelt, wie auch die Freude des Lachens, würde die Versenkung nur stören.

Lachen kann sogar tödlich sein! Weil Mönche andere Mönche kitzelten und so heftig zum Lachen brachten, dass einem die Luft wegblieb und er erstickte, verbot Buddha die körperliche Berührung, außer sie wird „nicht spaßeshalber" begangen. Lachen kann auch sexy machen, und so wird die erotische Wirkung des Lachens zur Versuchung und damit als hinderlich für den Erleuchtungsweg von Nonnen und Mönchen beurteilt. Ebenso ergeht es Spaßmachern, die ihr Publikum auf Kosten anderer zum Lachen bringen. Diesen droht laut Buddha eine Wiedergeburt in der Hölle.

Man kann nicht umhin, in dieser Darstellung des Lachens und Spaßes Parallelen zu einer Lachfeindlichkeit des Christentums sehen. Auch Jesus hat laut Bergpredigt verkündet: *„Wehe, die ihr jetzt lacht, ihr werdet weinen."* Hier wie dort hat es den Anschein, als solle der auf seine Erlösung bedachte Mensch letztlich die Freude an allen irdischen und somit vergänglichen Gütern aufgeben und allein in geistiger Freude leben. Doch zu beachten gilt, dass sich zumindest Buddha in diesen Reden nur an Nonnen und Mönche wandte und nicht an Laien.

LIEBER LÄCHELN

War der historische Buddha in den Texten des Hinayana-Buddhismus also ein Trauerkloß? Bestimmt nicht! Im Gegensatz zu den Evangelien, der frohen Botschaft, in der keiner der Evangelisten ein Lächeln Jesu für erwähnenswert hält, finden sich in der buddhistischen Literatur des Hinayana mehrere Stellen, die von einem heiteren Lächeln Buddhas berichten. Der Erwachte rät seinen Nonnen und Mönchen: *„Seid ihr über Dinge erfreut, so genüge euch ein bloßes Lächeln."*[30] Und weiter: *„Seid heiter, Mönche, strebt dahin, wo Erwachen zu finden ist."* [31] Lächeln also als Ausdruck der Freude insbesondere in der Meditation und als eine dem Geist innewohnende Qualität und Heiterkeit in der Hoffnung auf Erleuchtung, dem Erwachen aus der Illusion.

So lächelt Buddha beispielsweise über Götter, die sich allzu wichtig nehmen und in der Illusion leben, ihr Glück sei unvergänglich. Sie sind sich nicht bewusst, dass auch ihr gutes Karma enden und ihr Zustand sich ändern wird. Man darf vermuten, dass für Buddha die Komik hier aus dem Widerspruch zwischen der Illusion der Wesen und seinem Erkennen der Wirklichkeit entsteht. Vielleicht auch gepaart mit einer gewissen Schadenfreude über das stolze Gebaren der Götter, sozusagen eine Art „Auslächeln". Warum sollte nicht auch ein Buddha sich über die Absurdität der Welt amüsieren?

Eine weitere Textstelle im Pali-Kanon ist besonders bemerkenswert: Hier lächelt Buddha über sich selbst, als er an einen Ort kommt, an dem er selbst einmal gelebt hat: In einer früheren Inkarnation als König Makhadevo, der noch ganz in der Illusion und dem Rad der Wiedergeburt gefangen war. Eine Form von Selbst-Ironie und Mitgefühl für sich selbst.

BUDDHAS HUMOR

In der Sammlung Udana im Pali-Kanon, den Aphorismen des Buddha, findet sich die Geschichte von den Blinden und dem Elefanten: Mehrere Blindgeborene betasten einen Elefanten und werden daraufhin von einem König gefragt, wie denn der Elefant nun beschaffen sei. Daraufhin bekommt er die unterschiedlichsten Antworten. *„Wie ein Kessel, Majestät, sagten solche, die den Kopf be-*

rührt hatten; wie eine Pflugschar, sagten die Betaster des Stoßzahns. Und so ging es mit allen. Je nachdem, ob sie Rüssel, Rumpf, Fuß, Hinterteil, Schwanz oder Schwanzende kannten, verglichen sie den Elefanten mit einer Pflugstange, einem Kornspeicher, einem Pfeiler oder Mörser, einer Keule oder einem Besen." Doch wer hat nun Recht? Unter Geschrei gehen die Blinden mit den Fäusten aufeinander los, um ihre Meinung durchzusetzen. Daraufhin kommentiert Buddha trocken: *„Es streiten sich und geraten in Widerrede die Menschen, die nur einen Teil sehen."*[32]

Humor lässt sich als eine Fähigkeit beschreiben, etwas als komisch, im Sinne von erheiternd, überhaupt erkennen zu können. Doch was dem einen als lustig erscheint, empfindet der andere als komisch im Sinne von gar nicht lustig, sondern befremdlich. Humor ist bekanntlich abhängig von dem kulturellen Umfeld und der eigenen Wahrnehmung. Diese Elefanten-Geschichte könnte von Buddha durchaus humorvoll gemeint sein. Erzählt sie doch mit dem Mittel der komischen Übertreibung und Absurdität von dem Gezänk der Menschen, von dem Widerspruch der Wahrheitssucher und deren allzumenschlichem Verhalten, sich um die Wahrheit zu prügeln. Eine humorvolle Lehrgeschichte, die veranschaulicht, dass Wahrheit und Komik von der Perspektive abhängen, die der Wahrheitssucher einnimmt.

BUDDHA UND FREUD

Buddha sprach sich den ordinierten Theravadins gegenüber also gegen das Lachen aus, weil dieses andere verletzen kann und Lust- und Überlegenheitsgefühle erzeugt, an denen wir normalerweise anhaften und damit die Ich-Illusion stärken, die im Buddhismus aufgelöst werden soll. Im Kontext der Psychoanalyse äußerte sich 2500 Jahre später hierzu Sigmund Freud.

Zunächst sah Freud im Humor ein hilfreiches Mittel. Humor beinhalte die Möglichkeit des Trostes, denn mit ihm triumphiere das Ich über die Welt und erkennt: Bei genauer Betrachtung ist alles gar nicht so schlimm. Trost also durch Erkenntnisgewinn aus einem Perspektivwechsel, der z.B. in manchen Witzen möglich wird. Doch gerade hier sieht Freud auch die Gefahr einer Regression in Form der Flucht in eine vermeintliche heile Kinderwelt. Mit der Abwehr der Leidensmöglichkeit entzieht sich der Mensch mit dem Humor der Realität, anstatt sich ihr zu stellen. Lachen und Humor werden zur psychopathologischen Flucht, zu Rausch und Ekstase. Übrigens wie Religion, die Freud als Neurose bezeichnete.

Trotz dieser Skepsis überwiegen für Freud die positiven Eigenschaften des Humors. Neben dem Trost könne Lachen Ausdruck unterdrückter Sexualität und Aggression sein und enthalte somit die Möglichkeit von Triebabfuhr und Entspannung. Permanentes Aufrechterhalten der Kontrolle, der Unterdrückung des von ihm postulierten Aggressions- und Sexualtriebes, erzeuge eine permanente Spannung, die im Lachen ein Ventil finde. Lachen als kontrollierte Triebabfuhr im Sinne von: Wer lacht, beißt nicht.

MAHAYANA: BUDDHA LACHT!

Anders als im Hinanyana zeigt sich die Quellenlage und Sichtweise im Mahayana, dem „großen Fahrzeug" des Buddhismus (*maha*

– groß, *yana* – Fahrzeug). Hier gewinnt die Vorstellung von der Buddha-Natur zunehmend Bedeutung, das heißt, dass Erleuchtung nicht mehr etwas ist, das sich nur wenige in vielen Inkarnationen mühsam erarbeiten können, sondern etwas, das in jedem Menschen immer schon präsent ist. In einem Geist, der bereit ist, dies zu realisieren, kann Erleuchtung in einem Augenblick und überraschend geschehen und sich in einem befreienden Lachanfall ausdrücken.

Und so wissen die Mahayana-Sutras auch vom Lachen des Erwachten zu berichten. Beispielsweise im Lankaavatara-Sutra: *„Der Buddha lachte wie ein Löwenkönig. Dabei strahlte Licht aus dem Haarbüschel zwischen seinen Augenbrauen, aus seinen Rippen, Lenden."* Das Bild von der historischen Person des Buddha verändert sich hier zu einem überweltlichen Buddha. Die Worte des Buddha wenden sich nicht mehr in erster Linie an Mönche und Nonnen, sondern an alle Wesen. Aus dem körperlichen, lustvollen Lachen wird ein transzendentes Lachen, frei von Gier und Leidenschaften. Sphärisches Lachen als Ausdruck reiner Freude.

Im Mahayana-Buddhismus entwickelt sich außerdem das Ideal des mitfühlenden Bodhisattvas, der gelobt, erst dann aus dem Rad der Wiedergeburt endgültig auszusteigen, wenn alle anderen Wesen erwacht sind. Als Praxis für den noch unerleuchteten Mahayana-Praktizierenden gilt das Kultivieren des Mitgefühls, d.h. sich in ein anderes Lebewesen hineinzuversetzen und dessen Gefühle und Bedürfnisse ebenso zu ernst zu nehmen wie die eigenen; und letztendlich die Ungetrenntheit zwischen sich und anderen wahrzunehmen – das ganze Bild zu sehen und nicht mehr nur einen Ausschnitt. Dieses Training im Perspektivwechsel ermöglicht, ge-

nau jene komischen Widersprüche aufzuzeigen, die sich erkennt-
nisreich in einem Lachen auflösen. Umgekehrt können Witze auch
festgefahrene Vorstellungen und Bilder von sich selbst und anderen entlarven.

*Ein Mönch war allein im Tempel. Er warf sich zu Boden, schlug sich auf
die Brust und murmelte: „Ich bin ein Nichts, ich bin ein Nichts, ich bin
ein Nichts ..." Da betrat ein Novize den Tempel, sah den Mönch, kniete
neben ihm nieder und stimmte ein: „Ich bin ein Nichts, ich bin ein Nichts,
ich bin ein Nichts ..." Da kam ein Diener, um den Boden zu fegen. Und
während er beim Fegen den Besen im Takt bewegte, murmelte er mit den
anderen: „Ich bin ein Nichts, ich bin ein Nichts, ich bin ein Nichts ..." Der
Mönch stieß den Novizen an: „Schau, wer sich da einbildet, ein Nichts zu
sein."*

HOTEI LACHT!

Auch die wohl berühmteste Darstellung ausgelassener buddhistischer Heiterkeit, der dickbäuchige, so genannte „Lachende Buddha",
stammt aus dem Kontext des Mahayana. Seine Figur findet sich
heute in den Regalen der Supermärkte, eines der vielen kitschigen
Symbole der Wellness-Bewegung. Was viele nicht wissen ist, dass
es sich hier eben nicht um den historischen Buddha Shakyamuni
handelt, sondern um einen buddhistischen Bettelmönch, der im 10.
Jahrhundert durch China gezogen sein soll. Sein japanischer Name
ist *Hotei*, chinesisch *Budai*, heißt so viel wie Jutesack. Er soll gestottert
haben und eingeschlafen sein, wenn er hinfiel. Trotzdem stets gut
gelaunt, steht er eigentlich für die Tugend der Selbstgenügsamkeit.
Sein prall gefüllter Jutesack, in dem er seine Almosen sammelte,
soll besagen, dass der, der mit wenigem zufrieden ist, den größten

Schatz besitzt. Sein Lachen, obwohl lauthals, gilt nicht als Ausdruck von Überlegenheitsgefühl, sondern als Glück und Freude.

ZEN: WENN DU BUDDHA BEGEGNEST, TÖTE IHN!

Insbesondere im Zen-Buddhismus wird die Welt als eine Anhäufung von Widersprüchen gesehen, die sich aus dem Negieren der Vergänglichkeit und dem Beharren auf einem eigenständigen Ich entwickeln. Für den Zen-Schüler soll sich jegliche Vorstellung auflösen, auch die von Buddha, und so sprach ein berühmter Zen-Meister: *„Wenn du Buddha begegnest, töte ihn!"* Natürlich ist hiermit das Bild, die Vorstellung von Buddha gemeint. Auch das Lachen gehört dabei zum Arsenal der Mordwaffen, wie der Philosoph und Buddha-Fan Friedrich Nietzsche notierte: *„Nicht durch Zorn, sondern durch Lachen tötet man."* Das Verlachen und der Spott vieler Zen-Meister, den sie über ihre Schüler ausgießen, soll letztlich deren Vorstellungen töten, doch steckt dahinter eine grundlegende Sympathie mit allen Wesen.

Ein Zen-Mönch fragte seinen Meister, wie er die Erleuchtung erlangen könnte. Dieser antwortete mit schallendem Gelächter: „Du bist lächerlicher als ein Clown". Der Mönch grämte sich sehr und nach Tagen des Grübelns bat er seinen Meister um eine Erklärung. Dieser antwortete: „Ein Clown genießt es, ausgelacht zu werden. Du bist aber wütend darüber. Sag selber, bist du nicht lächerlicher als ein Clown?" Da brach der Mönch in befreiendes Gelächter aus und erlangte die Erleuchtung.

Die Zen-Tradition ist eng mit Schocktaktiken verknüpft, die Zen-Meister anwenden, um ihre Schüler aus jenem Traum aufzuschrekken, den wir für gewöhnlich für den Wachzustand halten. Die Meister wenden sich Methoden des Schlagens, Brüllens und paradoxer Rätsel an, die so genannten Koans, um ihre Schüler (und deren Lehrer) aus dem Schlaf ihrer Gewohnheiten zu reißen. Das Ziel der Koan-Praxis ist es, die Illusion zu entlarven, dass die Dinge unterschieden sind und dass das Ich eine eigene, von der Welt abgegrenzte Existenz hätte. Meditation und Erleuchtung also als das Erleben universeller Einheit. Koans sind eher rätselhaft als lustig: *„Welches Geräusch macht das Klatschen mit einer Hand?"* Die Reaktion kann ein spontanes Lachen sein als Zeichen des erleuchten Aha-Erlebnisses, das die Japaner *Satori* nennen. Im Sinne von Sigmund Freud verwandelt sich hier die Spannung der Aggression in eine Entspannung der Freude.

DRUKPA KÜNLEG

Ein auf den ersten Blick ziemlich befremdlicher Sinn für Humor findet sich bei Drukpa Künleg, einem tantrischen Meister des 16. Jahrhunderts. Der Tantrismus, auch *Vajrayana*, Diamantfahrzeug, übernahm die Lehre des Mahayana und ergänzte sie durch reiche Symbolik und eine Reihe eigener ritueller Praktiken: die Tantras. Die Tantriker lehren, dass sich alles, selbst das Begehren, in den Dienst der Befreiung stellen lässt. Die Leidenschaften gelten nicht mehr als etwas Hinderliches, sondern als machtvolle Energien, die nur richtig eingesetzt werden müssen. Insbesondere das sexuelle Begehren, im Hinayana noch als Hindernis auf dem Weg zur Erleuchtung der Nonnen und Mönche angesehen, gilt jetzt als wirksame Kraft. Und damit auch das Lachen als Ausdruck von Lust und Leidenschaft.

In der Kleidung eines Landstreichers soll Drukpa Künleg durch Tibet, Bhutan und Nepal gewandert sein und sich auf schockierende Weise jeglichen gesellschaftlichen Regeln entzogen haben. Er schlief mit einer Vielzahl von Frauen, auch mit seiner Mutter, um diesen angeblich zur Erleuchtung zu verhelfen, prangerte jegliche Form von Frömmelei und Buchglauben an und schockierte die Gläubigen mit obszönen Liedern. Zu Ehren Drukpa Künlegs steht noch heute in Bhutan ein Kloster und werden Häuser mit Phallus-Abbildungen, die mit Schleifchen geschmückt sind, verziert.

Als er einmal auf seinen Wanderungen in ein Kloster gelangte, beobachtete er, wie stolz die Mönche auf ihre tiefen Bassrezitationen waren. Er gab vor, einen Freund zu haben, der ausgezeichnet singen könne. Die Mönche waren begeistert und luden die beiden ein. Als sich die Mönche am nächsten Tag versammelt hatten, tauchte Drukpa Künleg mit einem Esel auf, der den Gesang der Mönche mit lautem I-ah kommentierte. Die Mönche waren so empört, dass sie Drukpa Künleg und den Esel mit Stöcken aus dem Kloster vertrieben.

Es ist schwer auszumachen, ob es sich bei ihm um eine erfundene Idealfigur des provozierenden Erleuchtenden handelt oder eine historische Gestalt. Er wird als Heiliger Narr verehrt, da mit seinen „Untaten" auch „Wundertaten" einhergingen, die seine Meisterschaft über die illusionäre Welt zeigten. So urinierte er zum Entsetzen der Gläubigen auf ein Meditationsbild, doch verwandelte sich sein Urin in Gold und schmückte den gesegneten Ritual-Gegenstand, anstatt ihn zu beschmutzen. Oder er beging das Sakrileg, völlig unnütz ein Tier zu töten, nur um es einen

Augenblick später wieder zum Leben zu erwecken.

Man muss ihn nicht mögen, und ob der Sex mit Frauen wirklich aus Mitgefühl geschah, um ihnen auf dem Weg zur Erleuchtung zu helfen, oder letztendlich ein Ausdruck der feudalen und patriarchalischen Lama-Hierarchie des historischen Tibet ist, ist eine Frage des Glaubens. Trotzdem erreichte er es, festgefahrene Denkmuster radikal infrage zu stellen. Damit kann man durchaus behaupten, dass er im Sinne Buddhas handelte, die Illusionen des menschlichen Geistes immer wieder zu entlarven und den eigenen Geist besser zu begreifen.

LACHEN: EINE LAUTE KURZMEDITATION

Hat Buddha nun gelacht oder nicht? Natürlich! Aber die Bedeutung von Lachen, Freude und Humor variiert stark in den verschiedenen buddhistischen Schulen und den Belehrungen für Laien, Yogis oder Ordinierte. Im Mahayana sind Lachen und Humor Mittel zu Erkenntnis und Mitgefühl, und so ist es natürlich kein Wunder, dass der Dalai Lama als Vertreter des Mahayana und des tibetischen Buddhismus sich gerne mal ausschüttet vor Lachen.

Im Theravada wird das übermäßige Lachen hingegen als Stolperstein auf dem Weg zur Erleuchtung beurteilt. Die Entlarvung einer Illusion kann eben auch mit einer Gegenillusion geschehen. Wenn es darum geht, die Welt als illusionär und deshalb leidvoll zu entlarven, so kann Humor eben auch dazu beitragen, diese Illusion aufrecht zu erhalten. Anstatt sich Schmerz und Leid zu stellen, kann diktierte Heiterkeit wie das von Marx beschriebene Opium für das Volk wirken. Humor verführt eben.

Zusammenfassend lässt sich sagen, dass Humor im Buddhismus ein Lachen über die Illusionen ist, besonders die Illusion der Beständigkeit eines Ichs: Nicht nur, dass ich mir etwas einbilde, sondern dass ich mich mir einbilde. Aus diesem Beharren ergeben sich immer wieder komische Situationen, über die gerne gelacht wird. Ein Witz als die Möglichkeit, den eigenen Geist besser kennen zu lernen. Damit lassen sich Lachen und Humor als eine Fortsetzung der Meditation begreifen. Humor als Perspektivwechsel, als Mitgefühl für sich selbst und andere. Ein Perspektivwechsel ist dabei besonders wirkungsvoll: der auf sich selbst, also die Fähigkeit zur Selbstironie. Anders formuliert: Durch das reflexive Denken bestimmte Macken und Handlungen zu betrachten und sie als „seltsam", ja, belustigend, wahrzunehmen. Dies aber nicht zu verurteilen, sondern bei sich selbst als zum Menschen gehörend, als *conditio humana* mitfühlend anzunehmen.

Lachen also als ein Erwachen in den gegenwärtigen Augenblick, die Möglichkeit, den Körper zu entspannen und den Geist zu beruhigen. Humor als ein Mittel, die Welt als ko(s)misches Spiel zu interpretieren, das der perfekten Unterhaltung dient.

WITZE IM BUDDHISMUS

„Ein Schüler fragte seinen Meister, was das Geheimnis der Erleuchtung sei. Dieser antwortete: „Wenn ich sitze, dann sitze ich. wenn ich gehe, dann gehe ich. Wenn ich esse, dann esse ich." Einige Zeit später sah der Schüler seinen Meister in einem Lokal, wie er aß und dabei Zeitung las. Der Schüler ging zu seinem Meister und erinnerte ihn an seine Worte. Der Meister antwortete lächelnd: „Wenn ich esse und Zeitung lese, dann esse ich und lese Zeitung."

„Mein Meister hatte Recht, als er sagte, ich solle nachts in keine Bar gehen, weil ich dort sonderbare Dinge sehen würde, die ich nicht sehen sollte. Aber ich bin natürlich doch gegangen." „Und was hast du gesehen?" „Meinen Meister."

Zwei Mönche kamen auf ihrer Heimreise an das Ufer eines reissenden Flusses, wo sie einer jungen Frau begegneten, die Angst hatte, die Strömung allein zu durchqueren. Einer der Mönche hob sie auf seine Arme und stellte sie auf der anderen Seite sicher wieder auf die Füße. Dann setzten die beiden Mönche ihre Reise fort. Der Mönch, der den Fluß allein durchquert hatte, konnte schließlich nicht länger an sich halten und tadelte seinen Bruder. „Weißt du nicht, daß es gegen unsere Regeln ist, eine junge Frau anzufassen? Du hast die heiligen Gelübde gebrochen." „Bruder, ich habe die junge Frau am Ufer des Flusses zurückgelassen. Trägst du sie immer noch?"

Ein Schüler kam zu seinem Meister: „Meister, ich habe es verstanden, alles ist leer! Alles ist leer! Alles ist leer!" Da boxte der Meister den Schüler auf den Arm. Verblüfft schrie der Schüler vor Schmerz auf. Der Meister lachte: „Ich dachte, alles ist leer, aber dein Arm ist ja immer noch da."

Ein Schüler berichtete seinem Lehrer und Meister: „Meine Meditation ist fürchterlich! Entweder bin ich dauernd abgelenkt, oder meine Beine schmerzen, oder ich schlafe ein. Es ist einfach schrecklich." „Das geht vorüber", bemerkte der Meister nüchtern. Eine Woche später suchte der Schüler erneut seinen Lehrer auf: „Meine Meditation ist wunderbar. Ich fühle mich achtsam, friedlich und lebendig. Es ist einfach wundervoll." „Das geht vorüber", bemerkte der Lehrer nüchtern. „Geht alles vorüber'?", fragte der Schüler. „Ja", sagte der Lehrer belustigt, „in der Tat, auch das Vorübergehen geht eines Tages vorüber."

Ein besonders eifriger Novize übte Tag und Nacht Zazen, er schlief kaum und aß so gut wie nichts. Der Meister rief ihn zu sich, und riet ihm, seine Bemühungen zu drosseln und auf sein Befinden mehr Rücksicht zu nehmen. „Aber ich suche Befreiung und will keine Zeit verlieren", erklärte der Novize. „Und woher weißt du", fragte der Meister, „dass die Erleuchtung vor dir herläuft und du ihr nachrennen musst? Vielleicht ist sie hinter dir, eilt dir nach und sie vermag nicht, dich bei deinem Tempo einzuholen."

Q: What did one Zen practitioner give to another for his/her birthday?
A: Nothing.
Q: What did the birthday boy/girl respond in return?
A: You are thoughtless for giving me this meaningless gift. To which

the giver replied, „Thank you."

Q: What is the name of the best Zen teacher?
A: M.T. Ness

7.
EINE KLEINE
GELO-THEOLOGIE?

„Das Lachen ist der Lebenskraft zuträglich,
denn es fördert die Verdauung."
Immanuel Kant

Es wird also durchaus gelacht in den Religionen. Wenn ich von diesem Thema berichte, werde ich immer wieder gefragt: Welche ist denn nun die lustigste Religion? Darauf kann ich nur antworten: Jede - auf ihre ganz eigene Art. Das Judentum mit der längsten Geschichte des Lachens glänzt durch besonders selbstironischen Humor. Das Christentum erscheint als eine Religion, in der sich die Gläubigen zwar angesichts des Martyriums Christi mit dem Lachen schwer tun, dann aber doch lachend die Auferstehung feiern können. Der Islam hingegen zeichnet sich durch einen Religionsstifter aus, von dem es im Gegensatz zu anderen Religionsstiftern, viele Belege für lustvolles Lachen gibt. Beim Hinduismus ist das Lachen Ausdruck der Potenz und Kraft der Götter. Im Buddhismus hat das Lachen die Funktion, die Illusionen des Egos in seiner komischen Dimension aufzuzeigen.

Lassen sich nun bei diesen fünf Religionen auch gemeinsame Funktionen von Lachen und Humor finden? Religion kann als ein System von Regeln verstanden werden, das von einer Gemeinschaft aufgestellt wird, um eine Verbindung mit einer letztgültigen Wirklichkeit, wie immer man diese nennen möchte, herzustellen. In der Mystik kommt sozusagen die Regel hinzu, dass letztlich keine Regel absolute Verbindlichkeit hat. Und so werden in den religiösen Systemen auch Lachen und Humor geregelt, teilweise bejaht, aber auch vehement mit Lachverboten bekämpft.

Für mich persönlich bietet Lachen eine Form der Hingabe, eine Möglichkeit, die innere Freude zu entdecken, einen Kontakt zu einer letzten Wirklichkeit herzustellen und dadurch Freude und Trost zu erfahren. Der Humor dient dazu, mich mit Widersprüchen zu versöhnen, die ich nicht auflösen kann, wie zum Beispiel in diese Welt geworfen zu sein und leben zu wollen, gleichzeitig aber sterben zu müssen. Dabei kommt dem spottenden Witz eine sehr wichtige Funktion zu, hinterfragt er doch auch, wo Menschen meinen, im alleinigen Besitz der Wahrheit zu sein. Selbstironie kann dabei helfen, den eigenen Anspruch auf Wahrheit zu hinterfragen. Ein Ziel wäre es, nicht nur über sich selbst zu lachen, sondern dies noch gemeinsam mit anderen zu tun, zur Freude beider Seiten. Ein Schwingen zwischen Hingabe und Distanz: Sich dem Lachen hinzugeben, mit Humor annehmen, was nicht zu ändern ist und sich trotzdem mit dem Witz eine kritische Distanz zu bewahren. Die Theologie versucht, „Gott" oder „Götter" mit Hilfe des „logos" zu ergründen. (Im Buddhismus kein Gott, sondern die Erkenntnis von „Leerheit".) Die Gelotologie (vom griechischen „gelos": dem „Lachen") versucht, die Wirkung des Lachens auf Körper und Geist zu ergründen. Daraus ließe sich dann, mit etwas Phantasie, das Wort „Gelo-Theologie" bilden. Der Versuch, die Beziehung zwischen Lachen und einer letzten Wirklichkeit zu erforschen.

Zusammengefasst könnte eine „Gelo-Theologie" so aussehen:
1. *Lachen als körperliche Erfahrung der Freude:* Lautes und lustvolles Lachen findet sich in religiösen Traditionen, wo der Gläubige sich über eine Verbindung mit einer letzten Wirklichkeit freuen kann. Dies kann im stillen Kämmerlein oder in der Gemeinschaft geschehen, wie beim christlichen Ostergelächter. Gemeinsames Lachen

als eine körperliche, ja geradezu ekstatische Erfahrung. Dies lässt sich durchaus vergleichen mit anderen Praktiken wie Gebet, Tanz, Gesang und Meditation. Die Mystik spricht bei der Verbindung mit einer letzten Wirklichkeit von einer mystischer Ergriffenheit, die sich in einem spontanen Lachen äußern kann. Um mit Meister Eckhart zu sprechen: Sich durch das Lachen „arm im Geiste" zu machen. Sich dadurch für einen Moment vom Denken zu befreien und Raum für Gott als Abgrund des Nichts zu schaffen. In buddhistischer Terminologie ausgedrückt: Achtsam im Augenblick zu sein. So zum Beispiel beim Durchbruch zum Satori im Zen-Buddhismus, der mit einem Lachanfall zum Ausdruck kommen kann. Man kann dies auch als ein Kontakt mit einer inneren, göttlichen Freude interpretieren, mit dem Sein, im Gegensatz zum Dasein im Alltag: Die Freude zwischen den Gedanken. Auch vom Propheten Mohammed wird häufig von einem Lachen als Ausdruck der Freude berichtet. Freude darüber, Teil der göttlichen Wahrheit zu sein.

Doch das Lachen wird in allen Religionen auch kritisiert: Insbesondere das spottende Lachen als etwas, das den Menschen an seinem Ego anhaften lässt und ihn in Versuchung führt. Ähnlich wie bei der Sexualität wird der körperliche Aspekt des Lachens oftmals als hinderlich auf dem Weg zur Befreiung angesehen. So sieht Buddha im Lachen eine Ablenkung. Christliche Theologen der Antike und des Mittelalters vermuten im Lachen den Spott und damit eine Todsünde. Um trotzdem der Freude ihren Raum zu geben, wird dem Lächeln gegenüber dem lustvollen Lachen der Vorzug gegeben. Das kontrollierte, vornehme Lächeln als Ausdruck der Freude ist in den Religionen gern gesehen.

2. *Witz als Kritik:* Der Witz in den Religionen hat vornehmlich kritische Funktion. Zum einen, um über Nicht-Gläubige zu lachen. Zum anderen, um allzu bigotte Gläubige lächerlich zu machen. Generell werden Besserwisser verlacht, die meinen, im Besitz der allgemein gültigen Wahrheit zu sein. Dies darf durchaus mit Spott geschehen. Witze setzen dort ein, wo Begriffe zu Dogmen werden: Gott, Kreuz, Jesus, Allah, Buddha etc. können auch als Bilder gesehen werden, die widersprüchlich und deshalb komisch sind. Manche Witze drücken aus, dass von jeder Wahrheit ihr Gegenteil ebenso wahr sein kann. Worte und Regeln sind wie Finger, die auf den Mond zeigen, und nie der Mond selbst, so der Buddhismus. Im Judentum heißt dies, dass der Gläubige letztlich sich nur vor Gott zu verantworten hat. Der Koran sagt: „Allah hu akbar", „Gott ist größer", als wir es uns je vorstellen können. Um das Unaussprechliche zu beschreiben, bedarf es Bilder, die sich immer wieder in Widersprüche verwickeln und deshalb komisch sein können. Wie schon zitiert, noch einmal die Theologin Ranke-Heinemann: *„Ein Esel stellt sich Gott als Esel vor. Der Papst stellt sich Gott als Mann vor."*

Die Ansicht, dass keine Wahrheit letztgültig sein kann (natürlich auch diese nicht), findet sich oft als Thema in den Witzen. Durch diese Erkenntnis, dass eigene und fremde Wahrheiten relativ sind, kann Mitgefühl entstehen. Witz als Ausdruck von Kritik findet sich häufig in den Witzen der religiösen Mystik, wie bei den Bektashi und den Chassiden. Hier bekommt der Witz die Form einer aufklärerischen Geschichte, die sich insbesondere über allzu bigotte Gläubige lustig macht. Aufklärung also auch im Sinne von Immanuel Kant, sich selbst aus einer Unmündigkeit zu befreien, verspotten Witze diejenigen, die sich oder andere unmündig machen.

Wie das Lachen werden auch Witze in den Religionen sanktioniert. Beispielsweise wurde das Osterlachen von den Aufklärern und Protestanten abgeschafft, weil die Witze allzu albern, aber auch zu kritisch gegenüber dem Kirchenoberen waren. Genauso werden manche Witze von Nasreddin Hodscha im orthodoxen Islam unterdrückt, machen sie sich doch allzu direkt über religiöse Autoritäten lustig. Der Witz mit seinem subversiven Charakter ist für religiöse Autoritäten eine stets lauernde und unberechenbare Bedrohung. Heißt es doch, dem Lachenden sei nichts heilig. Und mit einem guten Witz kann jeder Anspruch auf Wahrheit und Autorität in einem Augenblick vernichtet werden.

3. Humor als Perspektivwechsel: Humor kann als die Fähigkeit beschrieben werden, Widersprüche als komisch, im Sinne von lustig, zu erkennen. Dies geschieht durch das Einnehmen ungewohnter Perspektiven auf eine gewohnte Situation. Eine wichtige Funktion übernimmt der Perspektivwechsel mit der Möglichkeit, sich in die Lage eines anderen zu versetzen und dadurch Gleichmut und Mitgefühl für sich selbst und andere zu entwickeln. Hier liegt ein entscheidender Unterschied zum spottenden Witz. Der Humor hat im allgemeinen eine versöhnliche Komponente. Dies drückt sich schon in seinem ursprünglich lateinischen Begriff aus: "Humores". In der Antike galt derjenige als humorvoll, dessen Körperflüssigkeiten (schwarze und gelbe Galle, Blut und Schleim) miteinander in Harmonie standen. Da, wo alles im Fluss ist. Der humorvolle Mensch versucht die eigene Sicht mit der Sicht des anderen zu verbinden, sozusagen in einen Fluss zu bringen. Und daraus Trost und Zuversicht zu gewinnen. Über den anderen, sich selbst und die Welt zu lachen, diese dabei aber nicht zerstören zu wollen. Und wenn andere über die eigene Person lachen, zu versuchen, in dieses Lachen mit einzustimmen.

Dafür ist ein Perspektivwechsel besonders wirkungsvoll: Der auf sich selbst, also die Fähigkeit zur Selbstironie. Bestimmte „Macken" und Handlungen zu betrachten, diese als „seltsam", ja, belustigend, wahrzunehmen, gleichzeitig sich damit zu versöhnen und dem Perfektionismus zu entkommen. Humor bietet die Chance, die Angst vor dem Scheitern und Ausgelachtwerden zu verlieren, sowie sich von dem Drang zu befreien, perfekt sein zu müssen. So lassen sich Fehler und Scheitern als notwendige Bedingung begreifen, als Bestandteil der Evolution, um Leben und Entwicklung möglich zu machen. Damit wird mein Ego, werden meine Ziele, das, an was ich unbedingt glaube, infrage gestellt, aber nicht restriktiv verurteilt. Ich werde ermutigt, selbst zu denken: Eine Stärkung der Selbstverantwortung. Die Erzeugung von Gleichmut: Durch den Humor habe ich eine Möglichkeit, die Welt und mich zu akzeptieren. Die Welt annehmen zu können, wie sie ist. Zweifel wird Raum gegeben. Humor bedeutet also auch die Möglichkeit von Einsicht und Erkenntnisgewinn.

4. *Komik als Signal des Transzendenten:* Die Basis des Komischen ist der Widerspruch. In diesem Sinne kann man von einem grundlegenden Widerspruch in unserer Wahrnehmung dieser Welt sprechen. Beispielsweise werden die Widersprüche zwischen dem „Leben-Wollen" und „Sterben-Müssen", zwischen unserer eigenen Sterblichkeit und der Ewigkeit des Universums, letztlich trotz aller religiösen Glaubensinhalte immer wieder durchscheinen. In diesem Sinne spricht der Religionswissenschaftler Peter L. Berger von der

Komik als ein Signal des Transzendenten, da das Transzendente immer nur in Widersprüchen formuliert werden kann, trägt es sozusagen auch die Komik in sich.

In dem Sinne der formulierten Punkte könnte die Gelo-Theologie ein wichtiger Baustein für den interreligiösen Dialog darstellen. Ein Dialog bedeutet ja auch, gemeinsam mit anderen über sich und andere nachzudenken. Und das Nachdenken beginnt erst einmal damit, sich selbst zu hinterfragen und nicht zu ernst zu nehmen. Dies aber nicht als Selbstdemontage zu betreiben, sondern als Teil des Prozesses der Kommunikation. Vielleicht wäre es hilfreich, wenn ein interreligiöser Dialog damit begänne, dass jeder Religionsvertreter erst einmal seinen Lieblingswitz erzählt. Wahrscheinlich könnten dann die anderen Teilnehmer ihr Humorpotenzial testen, denn Humor beginnt bekanntlich dort, wo für viele der Spaß aufhört. Sozusagen eine praktische Gelo-Theologie, in der auch im Alltag lachend und auf spielerische Weise mit religiösen Inhalten umgegangen werden darf.

Natürlich geht es nicht darum, ständig zu lachen oder immer einen Witz auf Lager zu haben. Wie heißt es beim Prediger Salomo im Buch Kohelet: *„Ein Jegliches hat seine Zeit: Weinen hat seine Zeit, Lachen hat seine Zeit. Reden hat seine Zeit, Schweigen hat seine Zeit."* Gerade um der Stille und tiefen Ruhe wegen, die nach einem herzhaften Lachen entstehen können. So möchte ich Ihnen noch eine kleine Lach-Übung ans Herz legen: Wenn Sie aufstehen, schauen Sie doch mal in den Spiegel und lachen Sie über das, was Sie da sehen: Über sich selber und mit sich selbst.

114

INTERRELIGIÖSE WITZE

Ein Minister, ein Priester und ein Rabbi machten einen gemeinsamen Ausflug. Es war ein sehr heißer Sommertag als sie plötzlich an einen einsamen Waldsee kamen. Sie schauten sich um und da niemand da war, der sie sehen konnte zogen sie sich aus und nahmen ein erfrischendes Bad. Ihre Freiheit genießend, ging das Trio Beeren pflücken, als ihnen plötzlich eine Gruppe Frauen aus ihrer Stadt entgegen kam. Da sie ihre Kleidung nicht mehr rechtzeitig erreichen konnten, rannten sie davon, dabei bedeckten der Minister und der Priester die Mitte ihres Leibes mit den Händen, der Rabbi jedoch bedeckte sein Gesicht. Nachdem die Frauen weg waren und sie wieder angezogen waren, fragten der Minister und der Priester den Rabbi, weshalb er denn nur sein Gesicht bedeckte? Der Rabbi antwortete: „Ich weiß nicht genau wie es bei euch ist, aber in MEINER Gemeinde erkennt man mich an meinem Gesicht."

Ein sehr liberaler Christ sagt zu einem befreundeten Juden: „Eine gemeinsame Religion, sehn Sie, das wäre die beste Lösung für uns alle! Ihr lasst etwas nach, und wir lassen etwas nach - und die Einigung wäre erreicht!" „Ihr habt es da leichter", sinniert der Jude, „ihr habt den Vater, den Sohn und den Heiligen Geist, von denen könnt ihr leicht einen weglassen. Aber wir haben nur den Einzigen..."

Im Eisenbahnabteil fahren ein Rabbiner und ein Priester. Der Priester versucht, den Rabbi mit den rituellen Vorschriften der Juden aufzuziehen: „Wann werden Sie sich endlich entschließen, Schinken zu essen?" „Auf Ihrer Hochzeit, Hochwürden."

Ein katholischer Priester forderte einen Rabbi heraus: „Wenn die Beschneidung bei euch so wichtig ist, warum werden die jüdischen Buben nicht gleich als Beschnittene geboren?" „Darauf kann ich nur mit einer Gegenfrage antworten", meinte der Rabbi, „laut eurem Gesetz müssen doch die katholischen Geistlichen enthaltsam leben und dürfen nicht heiraten - warum werden sie da nicht gleich als Eunuchen geboren?"

Ein Rabbi und ein Priester diskutieren ihre Berufsaussichten. „Packt Sie manchmal der Ehrgeiz?" fragte der Priester. „Nun", sagte der Rabbi, „ich glaube, ich könnte mich jederzeit zu einer größeren Gemeinde versetzen lassen. Wie sieht das bei Ihnen aus?" „Nun, ich nehme an, ich könnte Kardinal werden." „Und dann?" „Nun, theoretisch wäre es möglich, daß ich eines Tages Papst werde." „Und dann?" fragte der Rabbi. „Reicht das denn nicht? Wollen Sie vielleicht, daß ich Gott werde?" „Nun, sagte der Rabbi milde, „einer von *unseren* Jungs hat es geschafft."

Zwei Juden kommen zum See Genezareth und wollen auf die andere Seite übersetzen. Am Ufer steht ein christlicher Fischer, der bereit ist, sie hinüberzurudern. Aber er will fünfzig Piaster dafür haben. Die Juden sind über den Preis entsetzt: „Sind Sie verrückt geworden? Was für eine Teuerung!" „Aber was wollen Sie, meine Herren", beschwichtigt der Fischer, „Sie sind doch hier an dem See, über welchen unser Herr Jesus zu Fuß gegangen ist!" Einer der Juden: „Nu - kein Wunder! Bei den Preisen!"

Ein Muslim und ein Christ fanden sich als Nachbarn in einem Flugzeug, das in den Nahen Osten flog. Die Konversation zwi-

116

schen ihnen war freundlich. Aber bevor sie sich trennten, sagte der Muslim: „Eigentlich tun Sie mir leid. Ich gehe nach Medina und sehe dort Grab und Leichnam Mohammeds. Sie aber gehen nach Jerusalem, und alles, was Sie vorfinden werden, ist ein leeres Grab." Der Christ antwortete: „Mein Herr, genau das ist der Unterschied."

Während der Predigt klingelt das Telefon für den Pastor. Sehr wichtig. Er geht raus, telefoniert, kommt zurück und meint zur Gemeinde: „Ich habe ein gute und eine schlechte Nachricht. Die gute Nachricht ist: Gott weilt unter uns auf der Erde. Die schechte Nachricht ist: Es war ein Ferngespräch aus Mekka."

Ein Christ und ein islamischer Hadith-Gelehrter fuhren gemeinsam auf einem Schiff. Der Christ, der einen kleinen Weinschlauch bei sich hatte, goß sich einen Becher voll ein und trank ihn aus, dann füllte er ihn ein zweites Mal und bot ihn dem Hadith-Gelehrten an. Der ergriff ihn ohne langes Bedenken und trank. „Ich bitte um Vergebung, mein Herr, aber es ist Wein!" bemerkte der Christ. „Woher weißt du das?" fragte der Muslim. Als der Christ nun erklärte, sein Bursche habe ihn bei einem Juden gekauft, leerte der Muslim den Becher in kräftigen Zügen und sagte dann zu dem Christen: „Du bist mir ein Dummkopf, wie ich noch keinen gesehen! Wir Hadith-Gelehrte haben es mit Autoritäten wie Sufyan ibn Uyaina und Yazid ibn Harun zu tun. Wie sollten wir einem Christen glauben, dessen Auskunft von seinem Burschen und weiter von einem Juden stammt? Bei Gott, ich habe ihn nur getrunken wegen der schwächlichen Überlieferung!"

Ein Sufi sagte zu einem Zen-Mönch: „Ich bin innerlich so frei und so sehr von allem losgelöst, dass ich nie mehr an mich selber denke, sondern nur noch an andere." Der Zen-Mönch erwiderte: „Ich bin innerlich so frei und so sehr von allem losgelöst, dass ich mich selbst betrachten kann, als wäre ich ein anderer, und deshalb kann ich auch an mich selbst denken."

QUELLEN

Aldinger, Marco: Bewusstseinserheiterung, Verlag Marco
Aldinger, Freiburg 1992

Ammann, Ludwig: Vorbild und Vernunft, Olms Verlag,
1993

Berger, Peter: Erlösendes Lachen, de Gruyter Verlag, 1998

Bloch, Peter: Der fröhliche Jesus, Quell Verlag, 1999

BenGershôm, Ezra: Der Esel des Propheten, Wissenschaft-
liche Buchgesellschaft, 2000

Bloch, Chaijm: Jüdische Witze und Anekdoten, Melzer
Verlag, 2006

Brück, Michael von: Bhagavad Gita, Verlag der Welt-
religionen, Frankfurt am Main und Leipzig 2007

Buber, Martin: Die Erzählungen der Chassidim, Manesse
Verlag 2006

Graf von Dürckheim, Maximilian; von Krosigk, Esther:
Worüber der Papst lacht, VDM Buchverlag 2005

Dowman, Keith: Der Heilige Narr, O. W. Barth Verlag, 1980

Feuerstein, Georg: Heilige Narren, Wolfgang Krüger
Verlag, 1991

Frankl, Viktor: .....trotzdem ja zum Leben sagen, Kösel 1977

Gülçişek, Ali, Benninghaus, Rüdiger: 99 Bektaschi Witze,
Ethnographia Anatolica, 1996

Haderer, Gerhard: Das Leben des Jesu, Ueberreuter Verlag,
2002

Hecker, Hellmuth: Buddhismus und Humor, „Bodhi-
Blätter", Eine Schriftenreihe aus dem Haus der
Besinnung, 1993

Herzog, Rudolph: Heil Hitler, das Schwein ist tot!, Eichborn Verlag 2006

Holl, Adolf: Der lachende Christus, Zsolnay Verlag, 2006

Ishaq, Ibn: Das Leben des Propheten, Spohr Verlag 1999

Kretz, Louis: Witz, Humor und Ironie bei Jesus, Walter Verlag, 1981

Kuschel, Karl-Josef: Lachen Gottes und der Menschen Kunst, Herder, 1994

Landmann, Salcia: Jüdische Witze, dtv, 1963

Luetjohann, Sylvia: Tantrische Weisheitsgeschichten, Windpferd Verlagsgesellschaft 2006

Michaels, Axel: Der Hinduismus, C. H. Beck, München 1998

Michel, Peter: Rig-Veda, marix Verlag, Wiesbaden 2008

Migdal, Ulrike: Und die Musik spielt dazu, Serie Piper, 1986

Osho Times, Witz komm raus …, Osho Verlag, Februar 2007

Schlensong, Stephan: Der Hinduismus, Piper Verlag, München 2006

Siegel, Lee: Laughing Matters, The University of Chicago Press, Chicago 1987

Titze, Michael, Christof T. Eschenröder: Therapeutischer Humor, Fischer 2003

Tschannerl, Volker M.: Das Lachen in der altindischen Literatur, Peter Lang, 1993

1. vgl. Der Esel des Propheten, S. 2
2. vgl. Viktor Frankl, ...trotzdem ja zum Leben sagen.
3. vgl. Ezra Ben Gershôm, Der Esel des Propheten, S. 2
4. vgl. Chajim Bloch, Jüdische Witze und Anekdoten, S.10
5. Mt 23,12
6. vgl. Migdal, Ulrike: Und die Musik spielt dazu, S. 106
7. vgl. Viktor Frankl, ...trotzdem ja zum Leben sagen, S. 33
8. Mt 7,3
9. Lk 12,25
10. Mt 5,3
11. Mt 19,25
12. Lk 6,21-25
13. 1. Kor 4,10
14. 1. Kor 1,25
15. Lk 23,33
16. Mt 27,45
17. NHC VII,3
18. Pred 3,1
19. vgl. Sahîh Al-Buchâri, Nr. 1936
20. vgl. Ludwig Ammann, Vorbild und Vernunft, 155 ff
21. vgl. Ibn Ishaq: Das Leben des Propheten, Spohr Vlg 1999
22. vgl. Ludwig Ammann, Vorbild und Vernunft, S. 48
23. vgl. Sahîh Al-Buchâri, Nr. 1936
24. vgl. Ludwig Amman, Vorbild und Vernunft
25. vgl Ludwig Amman, Vorbild und Vernunft,
26. vgl: Volker M. Tschannerl, Das Lachen in der altindischen Literatur, 2ff
27. Liriga Purana
28. "Witz komm raus ..." Osho Times, Feb 2007, S. 12
29. Anguttara-Nikaya, Dreier-Buch
30. Anguttara-Nikaya, Dreier-Buch
31. Majjhima-Nikaya, Vers 34
32. vgl.: Udana, Sechser-Buch

Weitere Informationen:
www.hakorp.de